Modelos de dinero de $100 M

Cómo ganar dinero

Resumen y cuaderno de trabajo

ALEX HORMOZI

Descargo de responsabilidad

La información proporcionada en este libro tiene fines exclusivamente educativos e informativos. El autor, la editorial y los distribuidores autorizados han hecho todo lo posible por garantizar que la información contenida en él fuera precisa en el momento de su publicación. El autor, la editorial y los distribuidores autorizados no ofrecen ninguna garantía con respecto a la comercialidad, la idoneidad para un fin determinado, la precisión o integridad actual o continuada, y la fiabilidad del contenido de este libro.

Las estrategias, consejos y herramientas que se analizan en este libro son opiniones personales del autor y se proporcionan como tales. Su objetivo es ofrecer material útil e informativo sobre los temas tratados en este libro. El éxito en cualquier iniciativa comercial y de marketing se basa en una amplia gama de factores propios de cada persona o empresa.

Las leyes están sujetas a cambios y pueden variar según la ubicación y la jurisdicción. Se recomienda al lector consultar con un profesional cuando sea apropiado y analizar las leyes locales vigentes antes de implementar cualquier estrategia o campaña de marketing.

Las declaraciones sobre ganancias e ingresos realizadas por el autor son solo declaraciones aspiracionales de ganancias potenciales. El éxito del autor y de otras personas mencionadas en este documento, los testimonios y otros ejemplos utilizados son resultados excepcionales y atípicos, y no pretenden ser, ni son, una garantía de que tú u otras personas vayan a obtener los mismos resultados. Los resultados individuales siempre variarán y tus resultados dependerán enteramente de tu capacidad individual, ética de trabajo, negocio, habilidades y experiencia, nivel de motivación, diligencia en la aplicación de las estrategias discutidas, la economía, los riesgos normales e imprevistos de hacer negocios y otros factores dentro o fuera de tu control.

No se garantiza que vayas a obtener ningún resultado a partir de las ideas expuestas en este libro. El autor, la editorial y los distribuidores autorizados renuncian a cualquier responsabilidad o garantía (expresa o implícita), incluidas, entre otras, las de comerciabilidad, idoneidad para un fin determinado, exactitud o integridad actual o continuada, y fiabilidad. La confianza en la información proporcionada recae exclusivamente en tu propio criterio y es bajo tu propio riesgo. Como se describe más adelante en este documento, el autor, la editorial y los distribuidores autorizados no serán responsables en ningún caso ante el lector ni ante ninguna otra parte por los daños directos, indirectos, punitivos, especiales, incidentales, especulativos o consecuentes que se deriven directa o indirectamente del uso y/o mal uso de este libro, que se proporciona «en las actuales condiciones», sin garantías.

Como siempre, se deberá buscar y obtener el asesoramiento de un profesional competente en materia legal, fiscal, contable, financiera o de otro tipo.

Cualquier declaración que exprese o implique discusiones con respecto a predicciones, metas, expectativas, creencias, planes, proyecciones, objetivos, suposiciones, eventos o resultados futuros, no son declaraciones de hechos históricos y pueden ser «declaraciones prospectivas». Las declaraciones prospectivas se basan en expectativas, estimaciones y proyecciones en el momento en que se realizan e implican una serie de riesgos e incertidumbres que podrían causar que los resultados o eventos reales difieran materialmente de los previstos actualmente.

Dirigir un negocio implica el riesgo de pérdidas, así como la posibilidad de obtener beneficios. Todos los negocios implican riesgos, y todas las decisiones empresariales siguen siendo responsabilidad de cada individuo. El autor, Bumble IP LLC, Acquisition.com LLC y sus filiales (denominados colectivamente para el presente documento «la Empresa») no garantizan que las estrategias descritas en este libro sean rentables o beneficiosas para el lector o para su negocio, y la Empresa no se hace responsable de ninguna posible pérdida empresarial relacionada con dichas estrategias.

Los representantes de la Empresa son profesionales y sus resultados no son los habituales de las personas promedio. Los antecedentes, la formación, el esfuerzo y la dedicación de las personas y los propietarios de cada empresa influirán en su experiencia general. Todos los ejemplos compartidos en este libro son meramente ilustrativos y no garantizan la rentabilidad de los negocios ni otros resultados. Los resultados de cada lector pueden variar. La Empresa no garantiza el rendimiento, la eficacia ni la aplicabilidad de ninguno de los sitios web mencionados o referidos en este libro. Todos los enlaces tienen fines meramente informativos y no se garantiza su contenido, exactitud ni ningún otro propósito implícito o explícito. Toda la información proporcionada en este libro relativa a la gestión de un negocio y a las estrategias empresariales tiene fines meramente educativos y no constituye una garantía específica de éxito. Aunque se han tomado las precauciones razonables en la preparación de este libro, la empresa no asume ninguna responsabilidad por errores u omisiones. Este libro se publica sin garantías de ningún tipo, ya sea expresas o implícitas. La Empresa no se hace responsable de ningún daño, independientemente de si se deriva directa o indirectamente del uso y/o mal uso de este libro. Los lectores aceptan eximir de responsabilidad a la Empresa y a sus miembros, empleados, agentes, representantes, afiliados, subsidiarias, sucesores y cesionarios (en conjunto, «Agentes») frente a cualquier reclamación, responsabilidad, pérdida, causa de acción, costo, lucro cesante, oportunidad perdida, daño indirecto, especial, incidental, consecuente, punitivo o cualquier otro daño y gasto (incluidos, entre otros, los costos judiciales y los honorarios de abogados), «pérdidas» que se reclamen, resulten, se impongan o se incurran contra cualquiera de los agentes como resultado o como consecuencia del uso y/o mal uso de este libro por parte de los lectores. Este libro tiene fines exclusivamente informativos y educativos.

LOS RESULTADOS HIPOTÉTICOS DE RENDIMIENTO TIENEN MUCHAS LIMITACIONES INHERENTES, ALGUNAS DE LAS CUALES SE DESCRIBEN A CONTINUACIÓN. NO SE GARANTIZA QUE NINGÚN NEGOCIO VAYA A OBTENER O PUEDA OBTENER BENEFICIOS O PÉRDIDAS SIMILARES A LOS MOSTRADOS O DESCRITOS. DE HECHO, A MENUDO EXISTEN DIFERENCIAS NOTABLES ENTRE LOS RESULTADOS HIPOTÉTICOS Y LOS RESULTADOS REALES OBTENIDOS POSTERIORMENTE POR CUALQUIER NEGOCIO EN PARTICULAR. UNA DE LAS LIMITACIONES DE LOS RESULTADOS HIPOTÉTICOS DE RENDIMIENTO ES QUE, POR LO GENERAL, SE ELABORAN CON LA VENTAJA DE LA RETROSPECTIVA. ADEMÁS, LOS NEGOCIOS HIPOTÉTICOS NO IMPLICAN RIESGOS FINANCIEROS, Y NINGÚN REGISTRO COMERCIAL HIPOTÉTICO PUEDE EXPLICAR COMPLETAMENTE EL IMPACTO DE LOS RIESGOS FINANCIEROS Y DE OTRO TIPO EN LOS NEGOCIOS REALES. POR EJEMPLO, LA CAPACIDAD DE SOPORTAR PÉRDIDAS O DE ADHERIRSE A UNA ESTRATEGIA COMERCIAL CONCRETA A PESAR DE LAS PÉRDIDAS COMERCIALES SON PUNTOS IMPORTANTES QUE TAMBIÉN PUEDEN AFECTAR NEGATIVAMENTE EN LOS RESULTADOS COMERCIALES REALES. EXISTEN NUMEROSOS FACTORES ADICIONALES RELACIONADOS CON LOS MERCADOS EN GENERAL O CON LA IMPLEMENTACIÓN DE CUALQUIER PROGRAMA COMERCIAL ESPECÍFICO, QUE NO PUEDEN TENERSE EN CUENTA ÍNTEGRAMENTE EN LA PREPARACIÓN DE UN RENDIMIENTO HIPOTÉTICO.

Al utilizar en el presente documento, el término «este libro» me refiero a todo el contenido, ideas, información y datos que aquí comparto.

ÍNDICE

CÓMO UTILIZAR ESTE RESUMEN Y CUADERNO DE TRABAJO

Muchas personas compran resúmenes y cuadernos de trabajo porque los autores no editan correctamente sus obras. Con *Modelos de dinero de $100M,* este no es el caso. El libro completo tiene solo unas 180 páginas con letra grande y muchas imágenes, y se puede escuchar en unas 4 horas en formato de audiolibro. La mayoría de las personas pueden leerlo de una sola vez. Ya de por sí es bastante breve. Por lo tanto, en este resumen hice tres cosas diferentes al libro original:

1) Resumí las historias.

2) Eliminé la mayoría de los ejemplos. Si no entiendes algún concepto, echa un vistazo a los videos que vienen gratis con este libro en mi sitio web **acquisition.com/training**

3) Reemplacé los resúmenes de los capítulos por ejercicios prácticos.

El resultado de estos cambios es un libro de ejercicios que reduce el número de palabras del libro original aproximadamente a la mitad. Dicho esto, si lees más rápido de lo que escuchas (como la mayoría de la gente), puedes leer todo el libro original en unas 3,5 horas. Este, te llevará aproximadamente la mitad de tiempo (entre 60 y 120 minutos, dependiendo de tu velocidad de lectura).

Si ya has leído el libro, utilízalo como repaso y concéntrate en los ejercicios.

Si no has leído el libro principal, obtendrás lo que necesitas para poner en práctica los conceptos clave en tu negocio.

EMPIEZA AQUÍ

Dónde dormía en mi primer gimnasio: mi «dormitorio de cemento».

Así que estaba quebrado, sin un peso y viviendo en mi gimnasio. Había ido en contra de los consejos de todos. Y cuando mi gimnasio no empezó a generar dinero, me asusté. Bastante rápido.

Un tipo que tenía unos depósitos de almacenamiento al otro lado de la calle se inscribió en mi gimnasio. Se dio cuenta de que estaba pasando apuros y me invitó a desayunar. Ahí fue cuando me dio una verdadera cátedra sobre cómo se hace dinero de verdad en los negocios. Me llevó a sus instalaciones y me explicó todos los pequeños detalles que utilizaba para ganar dinero. Era algo alucinante, cosas como que un mes «gratis» de almacenamiento en realidad les hacía ganar $127. Esa fue la primera vez que entendí los procesos de venta en varios pasos y cómo apilar múltiples ofertas una detrás de otra para exprimir el beneficio al máximo. Años más tarde, me referiría a ellos como «Modelos de Dinero».

***

Un par de años más tarde, ya tenía seis gimnasios en funcionamiento. Me sentía bastante bien conmigo mismo pero quería seguir creciendo, así que le pago a este famoso experto en marketing por sus consejos. Le cuento cómo abría mis gimnasios: ya sabes, vendiendo membresías por adelantado, usando ese dinero para comprar equipo y todo lo demás.

Y aquí viene lo bueno: cuando le digo que gasto $5 por prospecto y gano $680 por cliente, se queda helado. Resulta que lo que yo pensaba que era algo «normal» era en realidad increíble.

Pero entonces me tira esta bomba: «No deberías estar dirigiendo gimnasios». Yo pienso: «¿Qué diablos dice este tipo?» Entonces me explica que tengo un conjunto de habilidades brutal, pero aplicado a un negocio mediocre. Que, en vez de tener gimnasios, debería estar enseñándole a otros dueños de gimnasios cómo hacerlo.

Fue difícil de digerir. Pero el tipo ganaba muchísimo más que yo. Así que pensé: mejor cierro la boca y escucho. Y así fue como terminé cambiando por completo mi negocio.

***

Después de esa charla, cerré mi gimnasio más nuevo y vendí los otros cinco en los siguientes 90 días. Una locura total. Pero eso me liberó para dedicarme por completo a esta nueva aventura: *Gym Launch*.

Durante los siguientes dos años, volé por todas partes, transformando gimnasios que se encontraban en problemas. Hice unas 30 reestructuraciones de gimnasios. Entonces pensé: «¿Por qué me estoy matando viajando?». Así que pasé a un modelo de licencias. Básicamente, ayudaba a los propietarios de gimnasios a seguir nuestro sistema probado para llenar sus gimnasios y ganar dinero, todo ello sin tener que presentarme en persona.

Era un mercado bastante especializado, pero créeme: estos dueños estaban pasando apuros en serio. Algunos literalmente no tenían para comer. Pero una vez que llenaron su gimnasio en un mes, la noticia se extendió como la pólvora. *Gym Launch* explotó.

Durante los siguientes cinco años, me llevé a casa más de 43 millones de dólares en distribuciones. Luego, vendí el 66% de la empresa por 46,2 millones de dólares, todo en efectivo. Una locura, ¿verdad? Alcancé un patrimonio neto de 100 millones de dólares a los 31 años. Créeme, nadie estaba más sorprendido que yo.

Después de eso, mi esposa y yo creamos una oficina familiar llamada Acquisition.com. Invertimos en negocios que sabemos cómo hacer crecer. ¿Nuestra cartera actual? Supera los 200 millones de dólares al año. Tenemos todo tipo de negocios: cadenas de tiendas físicas, software, servicios, comercio electrónico… lo que se te ocurra.

Lo curioso es que, aunque estamos en todos estos sectores diferentes, seguimos usando los mismos principios que usaba en mis días de gimnasio. Todo está en este resumen de *Modelos de dinero de $100M*.

Y aquí hay una foto de nuestra sede actual en 2025. Impresionante ¿verdad?

Entonces… ¿qué puedes obtener aquí?

En aproximadamente una página, te he llevado de luchar por llegar a fin de mes a superar los 100 millones de dólares en patrimonio neto. Así que la pregunta lógica es… ¿cómo? Respuesta: *ganando más dinero por cliente de lo que cuesta conseguirlo*. Y de eso trata este libro, *Modelos de dinero de $100M*.

Desde que estoy en el mundo de los negocios, el panorama ha cambiado más de una vez. Y seguirá cambiando. La buena noticia es que unos principios sólidos te ayudarán a ganar dinero pase lo que pase, sin importar el contexto. A lo largo del camino aprendí muchos «Modelos de Dinero». Aquí te contaré cuáles son mis favoritos.

Modelos de dinero de $100M presenta ofertas <u>ya probadas</u> que puedes empezar a usar <u>hoy mismo</u>. Y además, te da las instrucciones para llevarlas a cabo. Piensa en *Modelos de dinero de $100M* como un libro lleno de boletos de lotería ganadores: todo lo que tienes que hacer es cobrarlos.

También quiero dejar algo claro: *estas son mis notas privadas*. Si están aquí, es porque me han hecho ganar dinero. Estos capítulos contienen mis observaciones y experiencias personales con diferentes tipos de negocios. Desde cadenas locales hasta productos físicos, servicios, educación, software, etc. Y estaban dispersas por todas partes a lo largo de los años. *Hasta ahora.*

<u>**Este es mi libro de recetas para ganar dinero.**</u>

Cómo está estructurado este libro

Este libro te enseñará algo increíblemente rentable: **cómo crear un «Modelo de dinero de $100M»**. Con un modelo de dinero de 100 millones de dólares, *ganarás tanto dinero en los primeros treinta días que el costo de conseguir más clientes nunca volverá a ser un problema para ti*. Con tantos clientes, te verás obligado a trabajar en *todo lo demás* dentro de tu negocio para poder mantener el ritmo. Un problema que deberá resolver otro libro (guiño).

<u>Esquema del libro</u>

Empieza aquí: Acabas de terminarlo

Sección I: ¿Qué es un «modelo de dinero»? A continuación...

Sección II: Ofertas de atracción

Sección III: Ofertas de venta adicional (Upsell)

Sección IV: Ofertas de venta descendente (Downsell)

Sección V: Ofertas de continuidad

Sección VI: Crea tu modelo monetario

Eso es todo, pan comido. ¡Manos a la obra!

SECCIÓN I:
¿QUÉ ES UN MODELO DE DINERO?

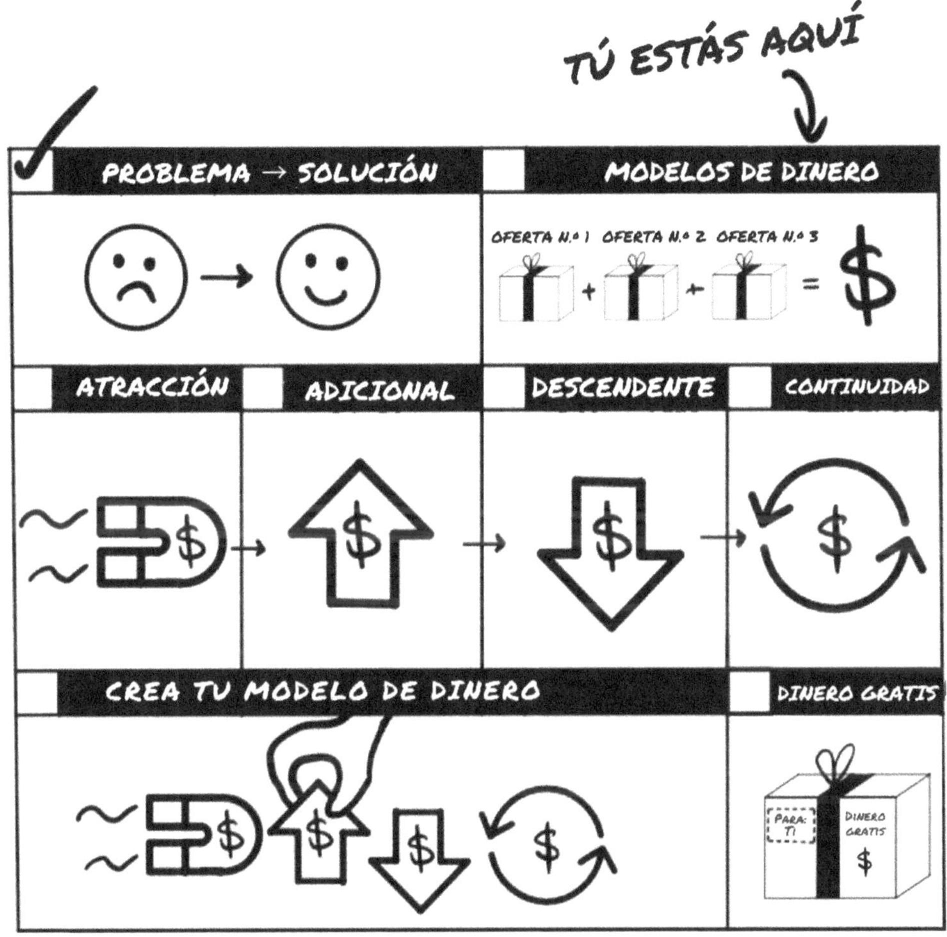

La historia del coche de alquiler

Así que estoy en una empresa de alquiler de autos, entré para alquilar un auto barato por $19 al día, pero fíjate en lo que pasa. El agente empieza a ofrecerme todo tipo de mejoras: una camioneta más espaciosa, devolverlo más tarde, un seguro mejor, combustible prepago. Y yo, sin prestar mucha atención, voy diciendo: "Sí, claro", a casi todo.

Luego, mientras camino hacia el auto, miro el recibo y ¡BAM! Me doy cuenta de que estoy pagando $100 por día en vez de $19. ¡Cinco veces más de lo que había planeado!

Pero acá está lo interesante: ellos sabían exactamente lo que iba a querer, incluso antes de que yo lo supiera. Me resolvieron problemas que ni siquiera sabía que iba a tener. Eso es un Modelo de Dinero brutal. Y si no tuvieran un modelo rentable, probablemente no seguirían en el negocio. Y yo no tendría ese coche.

Se produjo un modelo de dinero

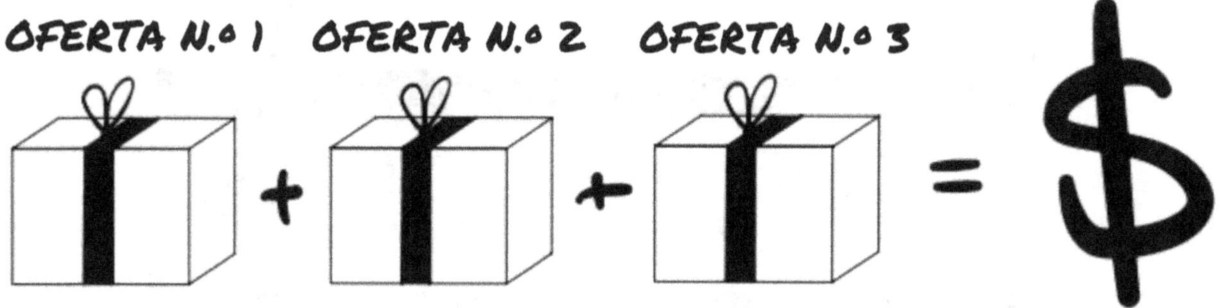

Un modelo de dinero es una *secuencia de ofertas*. En esencia, buscamos todas las oportunidades posibles para resolver los problemas de los clientes... y luego les ofrecemos la solución. Por ese motivo, los modelos de dinero suelen incluir muchas ofertas en un orden específico. Si ofreces lo adecuado cuando los clientes se dan cuenta de que lo necesitan, puedes hacer *tantas ofertas como quieras*.

Este es el modelo de dinero de la empresa de alquiler de coches expresado de forma clara:

Oferta n.º 1: Mejora del vehículo

Oferta n.º 2: Devolución tardía

Oferta n.º 3: Seguro premium

Oferta n.º 4: Seguro mínimo como opción más económica

Oferta n.º 5: Gasolina prepaga

Así que sí, pagué más, *pero también me resolvieron más problemas*. Analicemos los problemas que me resolvió la agente de alquiler de autos:

- Resolvió mi problema de «hombre grande en un coche pequeño» *ofreciéndome* un vehículo con más espacio.

- Resolvió mi problema de «horario de devolución» *ofreciéndome* la flexibilidad de conservar el vehículo durante más tiempo.

- Resolvió mi «preocupación por dañar el coche» *ofreciéndome* un seguro que lo protegía.

- Resolvió mi problema del «riesgo de perder el vuelo» *ofreciéndome* la posibilidad de pagar la gasolina por adelantado para que no tuviera que hacerlo a las apuradas en el viaje de vuelta.

  ... Y todas esas cosas costaban dinero, que *yo estaba dispuesto a pagar.*

La empresa de alquiler de autos pensó en todos los detalles. Me informaron del problema y luego *me ofrecieron una solución.* Me ofrecieron soluciones para evitar gastos más elevados y molestias que podría haber tenido más adelante a cambio de un pequeño gasto adicional *en ese momento.*

Como resultado, mi alquiler de $19 se convirtió en uno de $100. Pagué *más dinero más rápido.* Y ahora podemos ver por qué el sector del alquiler de coches genera miles de millones solo en los Estados Unidos... *cada mes.* Un modelo de dinero exitoso.

Cuidado: los malos modelos de dinero acaban con los negocios

Muchas empresas pierden dinero al captar clientes, lo que los conduce a un círculo vicioso:

- Gastan en publicidad

- Se dan cuenta de que están perdiendo dinero

- Recortan el marketing

- Consiguen menos clientes

- Terminan usando su dinero personal o pidiendo préstamos

- Luchan durante meses o años para alcanzar el punto de equilibrio

- Y, potencialmente, lo pierden todo

Pero no tiene por qué ser así. Hay mucho dinero allá afuera. Solo tienes que saber cómo captarlo. Los negocios tradicionales dependen de que las ganancias se acumulen con el tiempo para cubrir el costo de adquirir clientes. Eso puede funcionar para empresas grandes o para las que tienen inversores, pero es muy riesgoso para negocios pequeños que se inician con recursos propios (probablemente este sea tu caso).

Ejemplo: gastar $100 para conseguir un cliente que te dejará $500 de ganancias suena muy bien. Pero si tardas dos años en recuperar ese dinero, es posible que te quedes sin efectivo antes.

Tienes dos opciones:

1) Esperar años para cobrar y cruzar los dedos para sobrevivir.

2) Cobrar rápido y crecer todo lo que quieras.

Un buen Modelo de dinero es la opción 2.

Los buenos Modelos de dinero crean millonarios

Si haces más ofertas y la gente las compra, ganas más dinero. Si ganas más dinero, puedes usarlo para conseguir más clientes. Y si esos clientes te pagan ese dinero más rápido, puedes conseguir aún más clientes, más rápido… *y* seguir siendo rentable.

Pero, ¿qué pasaría si hicieras que tus clientes fueran el doble de valiosos, consiguieras el doble de ellos y los obtuvieras al doble de velocidad? *Tu negocio crecería ocho veces más rápido.* Y si los triplicaras, *tu negocio crecería 27 veces más rápido.* ¿Entiendes a dónde quiero llegar? Puedes construir algo muy grande, muy rentable, muy rápido… *con solo unos pocos cambios.* Y eso es precisamente lo que te voy a enseñar a hacer.

A continuación

Los modelos de dinero son una secuencia de ofertas. Las diferentes ofertas resuelven diferentes problemas. Por lo tanto, si quieres ganar, tienes que averiguar qué ofrecer *a continuación*. Para averiguarlo, tienes que comprender *los cuatro tipos de ofertas…*

Los cuatro tipos de ofertas que conforman los modelos de dinero

Hacer una oferta funciona mejor que no hacer ninguna. Y hacer más ofertas funciona mejor que hacer solo una sola. Combinar ofertas en una secuencia, crea un modelo de dinero. Mis modelos de dinero combinan cuatro tipos de ofertas.

Cuatro tipos de ofertas

Hay cuatro tipos de ofertas: ofertas de atracción, ofertas de venta adicional, ofertas de venta descendente y ofertas de continuidad. Todas ellas mejoran nuestro modelo de dinero, pero cada una lo hace *de forma diferente*. Funcionan muy bien por separado, pero juntas hacen que tu negocio sea imparable.

1) **Las ofertas de atracción** convierten a los desconocidos en clientes.

2) **Las ofertas de venta adicional (*Upsell*)** hacen que la gente gaste más dinero.

3) **Las ofertas de venta descendente (*Downsell*)** hacen que la gente diga que sí cuando habría dicho que no.

4) **Las ofertas de continuidad** hacen que la gente siga comprando.

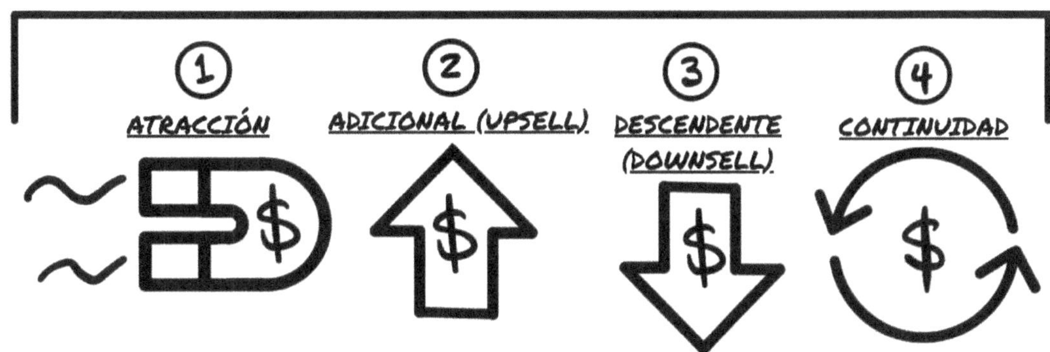

Si observas los grandes negocios, verás diferentes versiones de estas ofertas como componentes básicos de su motor de generación de ingresos. Puedes utilizar una, dos, varias o las cuatro ofertas juntas. Puedes combinarlas como quieras. Pero, cuando analizo *mis* negocios más rentables, siempre usé las cuatro. Por eso, eso es exactamente lo que te recomiendo.

Cómo estructuré las secciones

Comenzaré con las ofertas de atracción, porque si no estás consiguiendo clientes, lo primero que necesitarás es una de ellas. Luego, pasaré a las ofertas de venta adicional (*upsells*), seguidas de las ofertas de venta descendente (*downsells*). Y para terminar con los cuatro tipos, te muestro mis ofertas de continuidad favoritas, *tal y como las aprendí.*

Cómo está estructurado cada capítulo

Así es como se desarrollará el resto del libro:

1) **Bocetos** directamente de mis notas. Exactamente como los dibujé. Me ayudaron a recordarlo todo, así que también te ayudarán a ti.

2) La **historia** (resumida) de cómo aprendí por primera vez este Modelo de dinero.

3) Una **descripción** de cómo funciona el modelo de dinero.

4) **Ejemplos reales** de negocios reales usándolo en el mundo real.

5) **Notas importantes** y tácticas que hacen que el Modelo de dinero funcione. Estos detalles te ayudarán a ejecutar la jugada, como si fuera la centésima vez que la haces, *en tu primer intento.*

6) **Ejercicios** para aplicar cada capítulo a tu negocio.

7) **El curso de capacitación en video gratuito** que acompaña a cada oferta de este libro lo puedes encontrar en: acquisition.com/training/money

Notas importantes antes de empezar

1) **Si un cliente te pide que le *devuelvas* su dinero: *devuélveselo.***

2) **En lugar de decir «Esto no funcionará», pregúntate** «¿Cómo puedo hacer que funcione?»

3) **Evita la venta agresiva.** Ofrece soluciones cuando los clientes tengan problemas. Si no están interesados, sigue adelante.

4) **Cumple con la ley.** Las regulaciones publicitarias cambian con frecuencia, así que consulta con abogados sobre la legalidad de tus ofertas.

5) **Expón los hechos y di la verdad.** Si tus hechos no son convincentes, cambia la realidad hasta que lo sean. No mientas.

Cualquier oferta puede utilizarse por sí sola, en cualquier momento y en cualquier orden. Un negocio funciona siempre que genere ganancias. La mayoría de las ofertas de este libro podrían cumplir ese requisito mínimo *por sí solas*. Cuando se utilizan en la secuencia adecuada y en el momento oportuno, conforman un *Modelo de dinero de $100M*.

SECCIÓN II:
OFERTAS DE ATRACCIÓN

Cómo convertir la curiosidad en dinero

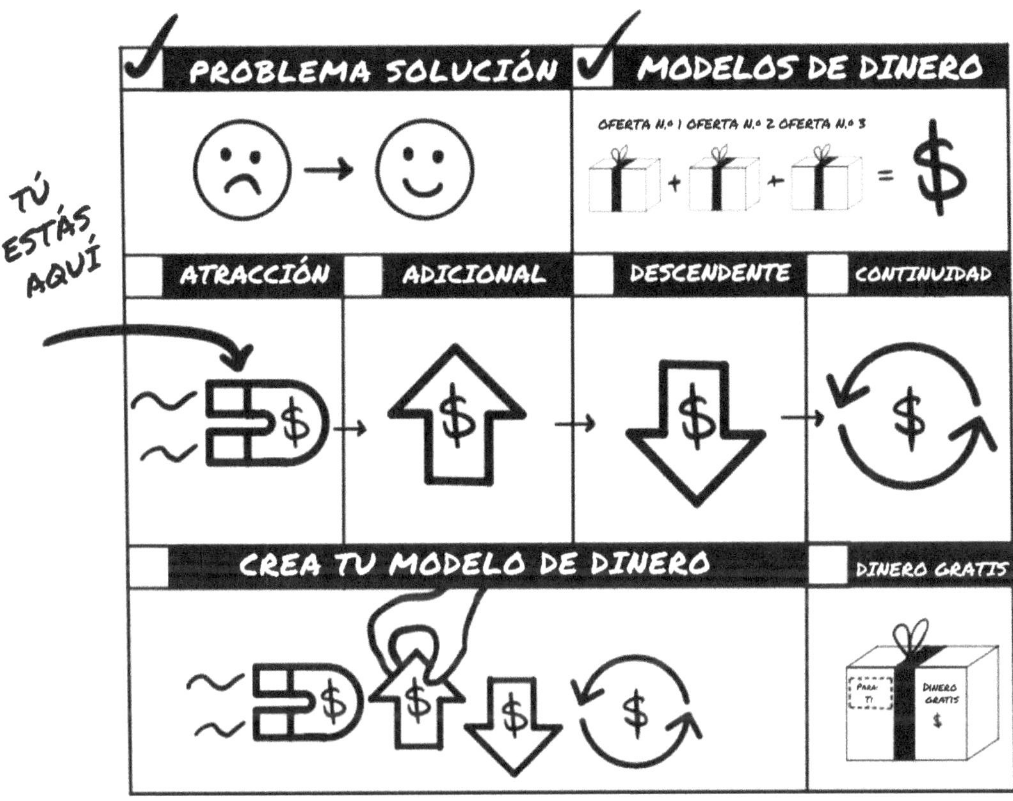

Las ofertas de atracción generan clientes potenciales *y* los convierten en clientes reales. Convierten la publicidad en dinero al ofrecer algo gratis o con descuento. Hacemos esto porque todo el mundo quiere una buena oferta. En una buena oferta, los clientes obtienen *mucho* más valor que el precio que pagan. Los desconocidos solo pueden confiar en tu palabra acerca del valor de una oferta. Sin embargo, entienden perfectamente el precio. Por esta razón, los descuentos hacen que *cualquier cosa* sea una buena oferta para casi *todo el mundo.* Y cuanto mayor sea el descuento, mejor será la oferta. El mayor descuento de todos es que sea *gratis.*

Antes que nada, cada vez que diga «gratis», también puedes usar «descuento» o «$1». Cada vez que use la palabra «descuento», también puedes usar «gratis» o «$1», y así sucesivamente. Las tres opciones están en un mismo espectro porque todas ofrecen algún nivel de descuento, incluso si es del 100%. Si puedes imaginar una forma de utilizar un descuento o una oferta gratis... ¡entonces puedes hacerlo! Después, te dejaré usar tu ingenio para intercalarlas como mejor te parezca.

Entonces, ¿cómo puedes ganar dinero ofreciendo cosas gratis?

Piénsalo de esta manera: las personas buscan una cosa, y luego, terminan comprando otra por accidente *todo el tiempo*. Las ofertas de atracción hacen que lo hagan *a propósito*. ¿Y qué es mejor que una cosa gratis? ¡Muchas cosas gratis y aún mejores! Una cosa gratis ya es genial. Pero, dos cosas gratis... ¡mucho mejor! Y, quizás, para conseguir esas dos cosas gratis, *tengan que comprar una* tercera cosa. <u>Así es como ganamos dinero con las cosas gratis.</u>

En esta sección, compartiré mis cinco formas favoritas de ganar dinero ofreciendo cosas gratis:

1) Recupera tu dinero

2) Sorteos

3) Oferta señuelo

4) Compra X y llévate Y gratis

5) Paga menos ahora o paga más después

Ganemos algo de dinero.

Recupera tu dinero

Si haces X dentro de Y tiempo y sigues Z reglas, podrás obtenerlo gratis.

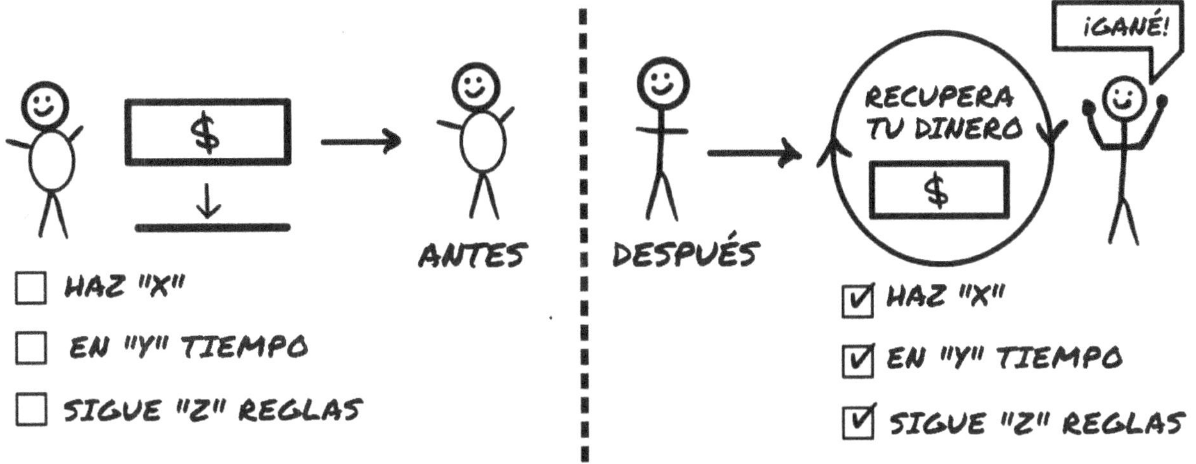

Historia: junio de 2013

Danny, propietario de un gimnasio, compartió conmigo una nueva oferta que le estaba dando excelentes resultados. Así es como se le ocurrió.

Un cliente difícil le propuso un trato: $500 por ocho semanas de entrenamiento, reembolsables si alcanzaba su objetivo, y a cambio podría utilizar sus fotos del antes y el después con fines de marketing. El cliente perdió peso, recuperó su dinero y luego compró más entrenamiento. Además, la publicidad de sus fotos del antes y el después le proporcionó a Danny un montón de referencias. Danny ganó tanto dinero con esto que empezó a ofrecer el trato a todo el mundo. Así nació la oferta «recupera tu dinero». Él me la enseñó y la he usado desde entonces.

Descripción

Una oferta de «Recupera tu dinero» funciona así: tú estableces un objetivo para el cliente *y* le explicas cómo alcanzarlo. Si lo logra, entonces tiene derecho a recuperar su dinero *o* a recibirlo en forma de crédito en la tienda.

Para «recuperar su dinero», la persona tiene tres opciones: obtener resultados, realizar determinadas acciones o ambas cosas. Y para que esto funcione, tienes que hacer que <u>los resultados</u> y <u>las acciones</u> *sean fáciles* de seguir.

<u>Resultados</u>: en este caso, independientemente de lo que haga, si el cliente obtiene el resultado, recupera su dinero. Por ejemplo: ganar X dólares al mes, conseguir Y clientes, perder Z kilos, etc. *Básicamente, apuesta por su propia capacidad para alcanzar el objetivo.*

<u>Acciones</u>: aquí, tú les haces responsables de *realizar* acciones en lugar de *obtener* resultados. Independientemente de los resultados que obtengan, si el cliente hace lo que tú le pides, recupera su dinero. Por ejemplo: asistir a todas las sesiones, llamadas, reuniones, registrar sus progresos, tomarse fotos, hacer las tareas asignadas, etc. *En este caso, apuestan por su capacidad para seguir instrucciones.*

<u>Acciones *y* resultados</u>: aquí, tú haces que los clientes se responsabilicen de seguir las instrucciones y obtener resultados. Si hacen ambas cosas, recuperan su dinero. Muchas veces, las personas quieren lograr una meta pero carecen de las habilidades o capacidad para hacerlo. Incluso si apostaran por sí mismas, fracasarían. Al establecer un buen objetivo para ellos *y* mostrarles cómo alcanzarlo, tienen una oportunidad real. *Aquí, apuestan a su capacidad de seguir instrucciones y a que tus instrucciones los llevarán a la meta.*

Conclusión: los clientes pagan dinero por adelantado. Si hacen lo que se les pide O consiguen el resultado O *ambas cosas, recuperan su dinero en efectivo o en forma de crédito en la tienda.*

Ejemplos

Oferta de empresa a consumidor: plan gratuito de 28 días

Deposita X dólares y recupera tu dinero si:

- ☐ Asistes a todas tus llamadas de consultoría.

- ☐ Publicas tu progreso en el grupo una vez por semana.

- ☐ Escribes un diario en nuestra aplicación todos los días.

- ☐ Asistes a tu sesión de retroalimentación y a tu sesión de transformación.

(Sugerencia: las llamadas y las reuniones son oportunidades para hacer más ofertas).

Oferta empresa a empresa: 5 clientes en 5 días. Desafío gratuito.

Deposita X dólares y recupera tu dinero si:

- ☐ Envías 100 mensajes al día.

- ☐ Reportas las estadísticas de los mensajes enviados.

- ☐ Asistes a la capacitación diaria.

- ☐ Publicas las tareas terminadas en el grupo.

- ☐ Asistes a la llamada de consultoría del día 5.

   (Sugerencia: aquí puedes ofrecer más, mejores o nuevos productos y servicios).

Oferta de producto físico: recorre 1.000.000 de millas con tu coche y consigue uno gratis.

Consigue un coche gratis si:

- ☐ Nos compras un coche nuevo.

- ☐ Conduces el coche 1.000.000 de millas.

- ☐ Lo entregas.

- ☐ Haces fotos y participas en un comunicado de prensa.

- ☐ Te acreditamos el precio total de compra original en tu próximo coche.

   (Esta fue una oferta real).

Puntos importantes

«Recupera tu dinero» es una fórmula mágica para negocios que requieren que sus clientes realicen esfuerzos continuos para obtener el resultado ideal que buscan.

- La oferta «Recupera tu dinero» es genial porque:

  - o Obtienes mucho dinero por adelantado.

  - o Consigues que más clientes acepten, ya que reduces su riesgo.

  - o Obtienes resultados espectaculares para los clientes.

  - o Consigues más clientes a largo plazo.

- o Ellos promocionan tu oferta para que consigas aún más clientes.

- Hacer que algunas reuniones formen parte de los requisitos para recuperar el depósito te brinda una gran oportunidad para ponerte en contacto con tus clientes y presentarles más ofertas específicas de acuerdo a sus necesidades.

- Todo el mundo piensa que las empresas ganan dinero con las personas que fracasan en el programa. No. El dinero real proviene de las personas que tienen éxito con él *y a las que tienes algo más que ofrecerles.* Créeme. Cuantos más resultados obtengas, más dinero ganarás. Piensa a largo plazo.

- Haz que los criterios de reembolso sean fáciles de medir, estén alineados con los objetivos del cliente y sean útiles para el negocio.

- Usa la oferta «Recupera tu dinero» solo si tu tasa de reembolso es inferior al 5%. De lo contrario, corrige tu producto antes de usarla, porque corres el riesgo de recibir demasiados reembolsos.

- Aplica el crédito de la tienda para otra oferta, preferiblemente más cara. Quieres que sigan siendo clientes, así que dales la oportunidad. Nunca quieres que la gente deje de pagarte.

- Para aumentar las ventas y retener a más clientes, haz que todos salgan ganando. De esa manera, todos se sorprenderán y te estarán agradecidos cuando les hagas tu oferta de venta adicional.

Ejercicio del libro de trabajo n.º 1: Crea tu oferta «Recupera tu dinero»

1. Anota lo que el cliente tiene que hacer o lograr (o ambas cosas) para poder recuperar su dinero. Recuerda: haz que sean cosas *fáciles de medir*.

    a. Acciones que deben realizar para poder recuperar su dinero:

        i. Publicidad que harán para ti ___________________________

        ____

        ii. Reuniones de ventas a las que deben asistir _____________

        ____

        iii. Acciones que deben realizar para tener éxito ___________

        ____

        ____

    b. Resultado: ____

2. Decide si quieres que recuperen el dinero o crédito en el negocio:

    a. Dinero ( )

    b. Crédito ( )

3. Piensa en una oferta para hacerle luego más cara (que cueste 5 veces más que tu oferta original) a la que aplicar el crédito: _______________

    ____

UN REGALO PARA TI: video de formación sobre ofertas «Recupera tu dinero»

He ganado una enorme cantidad de dinero con esta oferta y tengo más detalles e historias que no he podido incluir en el libro. Si te interesa, he creado un video gratuito para ti, sin necesidad de registrarte. Para verlo, solo tienes que ir a acquisition.com/training/money. También puedes escanear el código QR que figura a continuación si odias teclear.

Ofertas promocionales

Un afortunado ganador obtendrá un año gratis… ¡participa aquí!

Historia

Estaba charlando con un tipo que dirige un negocio de certificaciones de fitness. Me contó una forma increíblemente inteligente que tienen de conseguir prospectos. Mira esto:

Ellos anuncian una beca completa para su programa. La gente se postula y explica por qué debería ser seleccionada. Luego, una sola persona gana la beca completa. Pero acá viene la magia: a casi todos los demás les dan becas parciales.

Cuando los llaman para informarles que obtuvieron una beca parcial, se emocionan muchísimo. La mayoría se inscribe en ese mismo momento. ¿Cuál es la genialidad? Estas personas no saben cuál es el precio real, pero saben el valor de la beca completa. Así que, cuando escuchan el precio con descuento, les parece una ganga imposible de rechazar.

Funciona tan bien que a veces tienen que limitar las inscripciones. Y ojo con esto: enseñan este mismo modelo a los entrenadores a los que certifican. Es decir, que funciona tanto para las ofertas de empresa a empresa (B2B) como para las ofertas a consumidores finales (B2C). Al final, los sorteos de productos o servicios gratuitos generan muchísimos prospectos interesados en *tu producto más caro*. ¿Qué más podrías pedir?

Descripción

Las ofertas promocionales anuncian la oportunidad de ganar un gran premio a cambio de la información de contacto y cualquier otra cosa que desees. Luego, después de elegir al ganador, ofreces a todos los demás el gran premio a un precio con descuento. Las ofertas promocionales también se conocen con otros nombres como «sorteos», «rifas», etc. Todos significan lo mismo: «participa para tener la oportunidad de ganar». Para realizar una oferta promocional, debes:

1) Elegir un gran premio. Haz que el gran premio *sea lo que quieres que todos compren.* Asígnale un valor monetario claro a tu gran premio para que sirva como referencia de precio para tu segundo premio. Por ejemplo, si vendes $5.000 de valor por $2.000, ¡anuncia los $5000, no los $2.000! Si quieres obtener más referidos, regala dos grandes premios. Diles que si alguien a quien ellos refieran gana, ellos ganarán el otro gran premio.

2) Elige tu premio de participación/premio de beca parcial. La beca parcial es simplemente un *descuento* sobre el gran premio. Y cuanto mayor sea el descuento, más irresistible será la oferta. (Pista: cuanto mayor sea el valor que le asignes a tu gran premio, mejor funciona). Recuerda que los clientes potenciales participaron en el sorteo porque les pareció interesante el gran premio. La beca parcial convierte prospectos en clientes porque les ofreces eso mismo *que ya querían* pero con descuento.

En la historia, el «descuento» era la «beca parcial». Tú puedes llamarlo como quieras de acuerdo a tu negocio: beca, tarjeta de regalo, descuento en dólares, crédito en la tienda, vales, etc.

3) Pide información de contacto a cambio de la oportunidad de ganar. Además de eso, yo realizo una encuesta para *determinar la elegibilidad* para el premio y luego les pido que realicen *las acciones necesarias para calificar.*

4) Elegibilidad. Yo les hago preguntas para ver si son adecuados para mis productos o servicios. Ejemplos: «¿Tienes una clínica veterinaria?» o preguntas más basadas en el perfil o en sus necesidades, como «¿Por qué deberías ser seleccionado?» Puedes obtener información valiosísima de cada cliente potencial, ya que puedes incluirla en el proceso de inscripción. Pide información que indique cómo tu oferta les aportará valor. Esta información será importante para hacer ofertas más adelante.

5) Acciones de calificación. Estas son otras cosas que deben hacer los participantes para calificar para ganar. También las utilizo para que promocionen mi sorteo o demuestren un mayor interés. Por ejemplo: asistir a una llamada o a un evento, publicar algo, unirse a un grupo, etc.

6) Establece una fecha límite para el sorteo para añadir urgencia. Haz que tu sorteo sea más urgente haciéndolo disponible solo por un tiempo limitado. Me gusta que sea de tres a siete días. Apenas los prospectos ingresen al sorteo, actualízalos diariamente. En primer lugar, hazles saber cuánto tiempo falta para que anuncies el ganador. Puedes hacerlo por correo electrónico, mensajes directos, mensajes de texto, publicaciones en redes sociales, etc. Haz todo lo que sea razonable. Una vez al día en todas las plataformas funciona a la perfección. En segundo lugar, aporta valor junto con tu cuenta regresiva. Muestra a todos los beneficios del gran premio, lo emocionados que deberían estar y *remite constantemente a la prueba social.* ¡Mantén vivo el entusiasmo! Realiza tu sorteo a los siete días o cuando las inscripciones alcancen el número de personas que puedas llamar en siete días, lo que ocurra primero.

7) Anuncia al ganador del gran premio y empieza a contactar al resto. Anuncia públicamente al ganador del gran premio y luego envía un <u>mensaje privado</u> a todos los demás que hayan calificado. Y aquí está la magia: *pueden ganar la beca parcial o el descuento tantas personas como tú quieras.* Notifícalos por mensaje de texto, correo electrónico y mensajes directos. En ese mensaje, pídeles que agenden una llamada para canjear su premio.

Para asegurarte de que canjeen su premio parcial, <u>añade otra fecha límite.</u> Haz que el plazo para reclamar el premio de la beca parcial expire en siete días. La segunda cuenta regresiva funciona como la primera: muestra los beneficios, más prueba social y más contenido valioso sobre tu oferta. Dales una forma clara de reservar una llamada para reclamar su premio. Si tienes problemas con personas que faltan a las citas, y la ley lo permite, cobra una tarifa por no presentarse. Esto hará que más personas acudan.

Explícales a los ganadores de la beca parcial la relación costo-valor *utilizando su descuento.* Mi regla general: haz que el descuento de tu beca parcial esté entre el 10% y el 30% de tus márgenes brutos. Supongamos que anunciamos un gran premio por un «valor real de $5.000» pero su precio de venta al público es de $2.000. El ganador de la beca parcial lo obtiene por tan solo $1.800 (un descuento del 10% sobre el precio de venta al público). Cuando les comunicamos que han ganado la beca parcial, les explicamos que obtienen un valor real de $5.000 por un precio de $1.800. Al comparar el valor real del producto con lo que pagan, ¡un descuento del 10% se convierte en una diferencia del 64% en la relación costo-valor!

Si alguien dice "no" a tu oferta principal con descuento, ten listo otro producto o servicio para ofrecerle con descuento. Podría adaptarse mejor a ese cliente potencial.

Conclusión: recuerda que todos los que participaron en el sorteo mostraron interés en tu producto. Y si alguien muestra interés en algo que tú tienes para vender, *ofréceselo.*

Ejemplo de promociones gratuitas

Oferta para un dentista: sorteo gratuito de una sonrisa perfecta

Gran premio: un juego gratuito de brackets invisibles, con un precio de venta al público de $6.000.

Beca parcial/Oferta promocional: tarjeta de regalo por un valor de $2.000 para brackets.

Oferta de productos físicos: un año gratis de comida orgánica para perros

Gran premio: un año gratis de comida orgánica para perros, con un precio de venta al público de $1.000.

Beca parcial/Oferta promocional: tarjeta de regalo por un valor de $300 para comida para perros, *solo válida con una suscripción por un año.*

Oferta de servicios: Gran sorteo definitivo gratis.

Gran premio: paquete gratuito de un año, con un precio de venta al público de $5.000.

Beca parcial/Oferta promocional: vale de $2.000 canjeable por un contrato de servicio por un año.

Oferta de consultoría: Sorteo gratuito de un cambio radical en 16 semanas

Gran premio: cambio radical en 16 semanas, con un precio de venta al público de $12.000.

Beca parcial/Oferta promocional: beca parcial de $6.000.

Ejercicio n.º 2: Crea tu oferta promocional.

1. Elige tu gran premio: _______________________________

   a. ¿Quieres duplicar el premio para incentivar las referencias (SÍ / NO)

2. Define tu oferta de beca parcial: _______________________

3. Determina la información que deseas recopilar:

   a. Información de contacto: _______________________

   b. Criterios de elegibilidad: _______________________

   c. Acciones que deben realizar: _______________________

4. Fija la fecha límite para:

   a. La realización del sorteo: _______________________

   b. Reclamar el premio: _______________________

REGALO GRATIS: Capacitación adicional en ofertas promocionales

Las ofertas promocionales son una de las ofertas más atractivas que existen. Son tan buenas que deben estar reguladas. A ver, ¿quién no quiere algo «gratis», verdad? He creado un video de capacitación gratuito que trata este tema en profundidad. Si te gusta tanto como a mí, puedes verlo en acquisition.com/training/money. Como siempre, también puedes escanear el código QR si odias teclear. ¡Disfrútalo!

Oferta señuelo

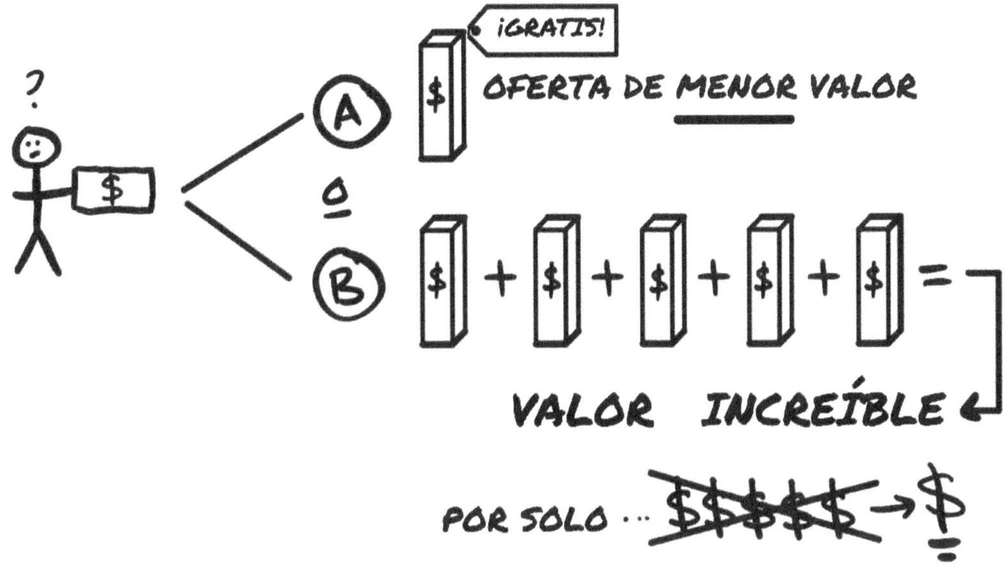

Historia

John fue mi segundo mentor. Era un empresario jubilado que solía invitarme a su casa del lago. Íbamos en su camioneta y me contaba historias durante horas. En el camino me daba todo tipo de consejos sobre negocios: precio vs. valor, ofertas de bajo costo, y todo ese tipo de cosas.

Un día, me contó algo brillante que habían hecho en su salón de bronceado: el pase VIP de bronceado de 5 días por 5 dólares. Y acá está la genialidad: todo el mundo cree que puede broncearse en cinco días. Pero no puede… al menos no del todo. Así que, cuando la gente entraba, les daban todo un discurso sobre no «quemarse», comparándolo con cocinar un pavo demasiado rápido. Luego les decían: «Oye, ¿por qué no aplicas este pase de $5 a una membresía mensual? Solo cuesta $19,99 por bronceado ilimitado. Y es mucho más barato que pagar $25 por sesión de bronceado». La gente veía el valor. Era muy fácil venderles más.

Cinco años después, yo ya estaba con mis gimnasios. Y nos topamos con un problema: los prospectos de fitness se habían vuelto carísimos. Me estaba rompiendo la cabeza buscando una solución… hasta que me acordé del pase de bronceado de John.

Así que probamos algo similar. Ofrecimos una opción barata para atraer a la gente, pero luego les presentamos este paquete premium: «Ultimate» por $399. Incluía todas las prestaciones, además de una garantía. ¿Y sabes qué fue lo mejor de todo? entre el 70% y el 80% de la gente se decantó por la opción más cara. Volvimos a triunfar.

La gran lección es la siguiente: dale a los clientes lo que quieren ahora, para poder darles lo que realmente necesitan más adelante. Y asegúrate siempre que tu oferta premium sea la clara ganadora. Ese es el arte de la oferta señuelo. John me enseñó el secreto: tienes que saber lo que necesitan tus clientes mejor que ellos mismos.

Descripción

Las ofertas señuelo anuncian algo gratis o con descuento. Luego, cuando los clientes potenciales piden más información, *también* les presentas una oferta premium más valiosa. La oferta premium ofrece más funciones, ventajas, bonificaciones, garantías, etc. Al poner tu oferta señuelo y tu oferta premium una al lado de la otra, los clientes potenciales pueden ver cuánto más valor ofrece tu oferta premium. Me gustan las ofertas señuelo porque atraen a más clientes en general. Porque están los que eligen la versión señuelo y los que eligen la versión premium. Si eligen la premium, genial. Si eligen la señuelo, también genial. ¿Por qué? Porque te da tiempo para hacer el *upgrade* más adelante, en lugar de perderlos. Pero, de una forma u otra, puedes cerrar la venta con todos. Esto hace que conseguir nuevos clientes sea barato y rentable. Y *cualquier* tipo de negocio puede usar este modelo.

Estos son los pasos para hacer una oferta señuelo:

1) Anuncia una versión inferior, más pequeña o más simple de tu oferta premium como señuelo.

2) Cuando los prospectos se interesen, ofréceles ambas opciones, pero enfatiza claramente la premium.

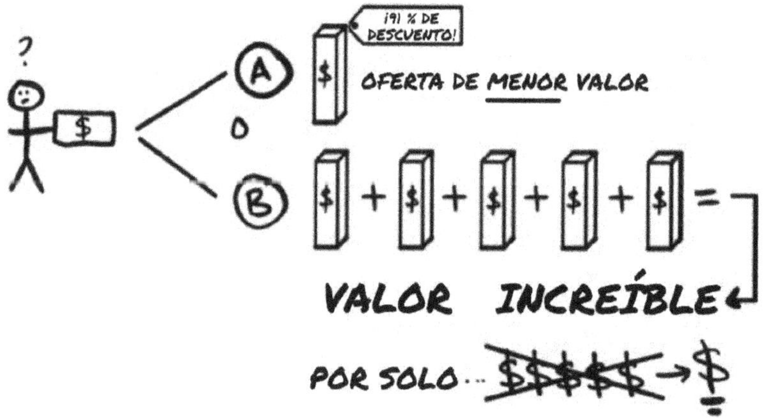

Ejemplos:

Centro de SPA (servicio)

Oferta de atracción: «1 semana de liberación del estrés gratis» **O** «6 semanas de liberación del estrés por $6».

Opción señuelo: Una sesión de relax al mes con ejercicios para aliviar el estrés que se pueden hacer en casa.

Opción premium: Dos sesiones por semana durante 6 semanas, consulta individual, diario de seguimiento, rutina de sueño. Satisfacción garantizada.

Oferta de gimnasio (negocio local)

Oferta de atracción: «Transformación gratis de 21 días» **O** «Transformación de 21 días por 21 dólares».

Opción señuelo: Entrenamientos realizados en un grupo de Skool.com una vez al día. Un plan de nutrición general. Acceso a las grabaciones. Sin soporte. Sin garantía.

Opción Premium: Entrenamientos ilimitados, plan de nutrición personalizado, acompañamiento 1 a 1, resultados garantizados (o te regalamos otros 21 días gratis).

Puntos importantes

Cómo crear tu oferta señuelo. Ofrece menos componentes, modelos más antiguos o versiones menos personalizadas de tu oferta premium. Además, elimina cualquier garantía. Tu oferta de atracción solo tiene que conseguir que los prospectos se interesen e interactúen contigo. Nada más.

Anuncia los beneficios, no las características. Queremos venderles el <u>resultado soñado</u>. Anunciamos una *transformación* en 21 días, no rutinas de entrenamiento ni planes de alimentación. ¡Explicarás los detalles específicos del producto en la presentación de ventas, *no* en la publicidad! Tanto un jet privado como un bote de remos puede llevarte a una isla exótica, pero la opción premium es sin duda más disfrutable.

Puedes anunciar descuentos de cuatro maneras. Supongamos que tienes una oferta anual que cuesta $100 al mes ($1.200 al año). Si quieres comunicar que podrían pagar $900 por el año, podrías decir:

1) Porcentaje de descuento: 25% de descuento

2) Importe absoluto: $300 de descuento

3) Parte gratuita: 3 meses gratis

4) Paquete total: un año por $900 ($1.200)

Todas significan lo mismo. Vale la pena probar cuál convierte mejor en tu mercado.

Haz que el contraste <u>sea enorme</u>. El valor de la opción premium proviene de las enormes diferencias con la opción señuelo. Así que haz que la opción señuelo sea lo más básica posible. Luego, haz que la opción premium sea lo más impresionante posible. Cuanto mayor sea el contraste, *mejor será la oferta* y más clientes la aceptarán. Piensa en añadir más características, beneficios, bonificaciones y garantías, etc.

Las ofertas con descuento tienen tasas de asistencia más altas que las ofertas gratuitas. Según mi experiencia, si lanzas una oferta de atracción gratuita, obtendrás más clientes potenciales. Si lanzas una oferta de descuento, obtendrás menos clientes potenciales, pero aparecerá un porcentaje más alto. Por lo tanto, si tienes bajas tasas de asistencia a las citas, prueba con una oferta de descuento. Esto es especialmente importante para los negocios en los que el costo de que alguien no se presente es elevado (por ejemplo, médicos, abogados, dentistas, etc.).

Si es posible, presenta primero la oferta premium. En un mundo perfecto, aceptarán la oferta premium de inmediato. La oferta señuelo se queda en tu bolsillo. Si vienen específicamente pidiendo la opción señuelo...

Consigue que te den permiso para venderles. Si te piden que les informes sobre tu oferta señuelo, estás legalmente obligado a presentarla, o si prefieres presentarla primero, así es como me gusta hacerlo a mí:

Hazles una pregunta sencilla: «¿Estás aquí por cosas gratis o por resultados duraderos?»

Y tan pronto como digan «resultados», que es lo que hace la mayoría de la gente, pasa directamente a tu oferta premium.

Si dicen «cosas gratis», preséntales la oferta señuelo y compárala inmediatamente con tu oferta premium. Solo <u>después</u> de presentar <u>ambas</u>, pregúntales: «¿Cuál crees *que te ayudará a alcanzar tu objetivo más rápido?*» o «¿Qué prefieres*: XXX (beneficio menos valioso) o YYY (beneficio más valioso 1, 2, 3...)?*» En este punto, ellos mismos dirán la oferta premium. Entonces podrás seguir adelante con la venta, acordando mutuamente que es lo mejor para ellos.

Cuando presentes tu oferta premium, *muéstrate entusiasmado con ella*. Preséntala como superior a la oferta señuelo, porque lo es, y explica cómo se adapta mejor al cliente. Tu entusiasmo motiva a las personas a elegir la opción que les aportará más valor.

Desde el punto de vista de la venta, debes hablar con el cliente potencial como si ya supieras que aceptará tu oferta. Muchos vendedores se refieren a esto como un «cierre asumido». Actúa desde la siguiente postura: *«Esto es lo que hace todo el mundo. Es solo una formalidad. Permíteme tu documento de identidad y tu tarjeta de crédito para que puedas obtener tu valor».* Sin exageraciones. Solo con una actitud amistosa. Casi aburrido por la regularidad con la que la gente compra.

Beneficio sorpresa (opcional). Para ir un paso más allá, si alguien elige la opción señuelo, puedes optar por sorprenderlo con algunas características de bajo costo o sin costo de tu oferta premium. Solo di algo como: «Oye, te voy a incluir esto, aunque sea parte de nuestra oferta premium, solo porque quiero que obtengas excelentes resultados». Esto genera buena voluntad, supera las expectativas y aumenta la posibilidad de que acepten tus ventas adicionales más adelante. Recuerda: ¡siguen siendo prospectos!

Espera ganar dinero rápidamente. Si no es así, aumenta la diferencia entre ambas ofertas para que la diferencia sea más evidente.

Ejercicio n.º 3: crea tu oferta señuelo

1. Anota las cuatro formas en las que podrías anunciar tu oferta: GRATIS o CON DESCUENTO

    a. GRATIS: _______________________________________

    b. % de descuento: _______________________________

    c. Monto total del descuento: _____________________

    d. Parte gratis: __________________________________

2. Anota tu oferta señuelo y su precio: ____________________

    ____

3. Anota tu oferta premium (mejorada) y su precio: ___________

    ____

Compra X y llévate Y gratis

¡Compra un cachorro y llévate dos gratis!

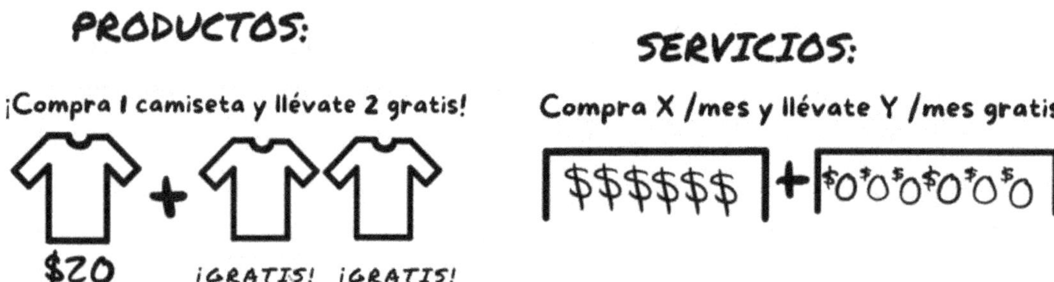

Historia

Hay un lugar en Nashville llamado *Boot Factory*. Está ahí desde hace décadas y ha sobrevivido a todos los típicos negocios para turistas. Tiene un enorme cartel de neón con una bota vaquera más grande que un auto, y una oferta que parece una locura: «Compra 1 par y llévate 2 gratis».

Cuando era más joven, pensaba que era una locura. ¿Cómo podían regalar tanto y seguir en el negocio? Pero años más tarde, con algo de experiencia en los negocios, volví… y lo entendí todo.

Aquí está la genialidad: suben el precio de un par para cubrir el costo de tres. Así que esa «oferta final» de, por ejemplo, $600 por un par... en realidad cubre tres pares. Pero la forma en que lo plantean hace que el cliente sienta que está obteniendo un trato increíble. Y la gente se vuelve loca por eso.

Descripción

En las ofertas «Compra X y llévate Y gratis», cuando los clientes compran algo, obtienen otras cosas gratis. Cuantas más cosas gratis obtengan y mayor sea su valor percibido, mejor funciona la oferta. Las ofertas que incluyen algo "gratis" llaman *muchísimo* más la atención que los simples descuentos. Pero si solo tienes una cosa que vender y la regalas, *te quedarás sin comer.* En situaciones como esta, las empresas tienden a recurrir a los descuentos tradicionales. Realizan «rebajas» aprovechando las fiestas, los cambios de temporada o cualquier otra cosa como excusa para bajar *temporalmente* los precios y conseguir más clientes.

Sin embargo, al vender más de un artículo a la vez, puedes convertir las ofertas con descuento en *ofertas gratuitas* aún más atractivas. Cuando tienes más de un artículo, puedes hacer que el valor del descuento sea lo suficientemente grande como para cubrir el precio de más artículos. Por ejemplo, podrías vender tres camisetas a $10 cada una por un total de $30, *o* podrías vender una camiseta por $30 y regalar dos. Es el mismo precio, ¡pero *con muchos más artículos gratis!*

Y si quisieras ofrecer un descuento (en lugar de *solo* reformular el precio), podrías hacerlo. Podrías vender tres camisetas por $6.67 cada una, por un total de $20 (33% de descuento), *o*, manteniendo el mismo descuento, podrías vender una camiseta por $20 y regalar dos. Es el mismo precio, ¡pero *con muchas más cosas gratis!*

    33

Boot Factory optó por la primera opción. Triplicaron el precio de un par de botas y añadieron valor... con más botas. Y un par de botas caras con dos pares gratis le reportan a *Boot Factory* más clientes que vender un par a un precio justo. Además, si puedes incluir *algo gratis*, atraerás aún más clientes.

Ejemplos

Oferta de productos físicos. Compra 1 y llévate 2 gratis: (Oferta de *Boot Factory*)

- Un par de botas: $200

- Oferta «Compra X y llévate Y gratis»: compra un par por $600 y llévate dos pares gratis

- Resultado final: siguen comprando tres pares de botas de $200 cada uno, por un total de $600.

3 versiones: 18 meses de servicios, también conocido como «3 pares de botas»

Buena: «Compra 12 meses y obtén 6 meses gratis» - $1.800

Mejor: «Compra 9 meses y obtén 9 meses gratis» - $1.800

Óptima: «Compra 6 meses y obtén 12 meses gratis» - $1.800

Todos pagan el mismo precio por la misma cantidad de servicio. <u>Pero la tercera opción es la más atractiva.</u> (Pista: ¡es la que incluye más cosas gratis!)

Notas importantes

Compra X y llévate Y gratis hace que la gente compre más cosas *y ofrece más valor.

Sube los precios antes de regalar cosas para mantener los beneficios. Si utilizas esto para atraer clientes, funcionará. Y como funcionará, necesitas ganar dinero. Por lo tanto, sube los precios *de forma permanente* para compensar el descuento.

Compra X y llévate Y gratis funciona mejor si tiene más productos gratis que pagos.

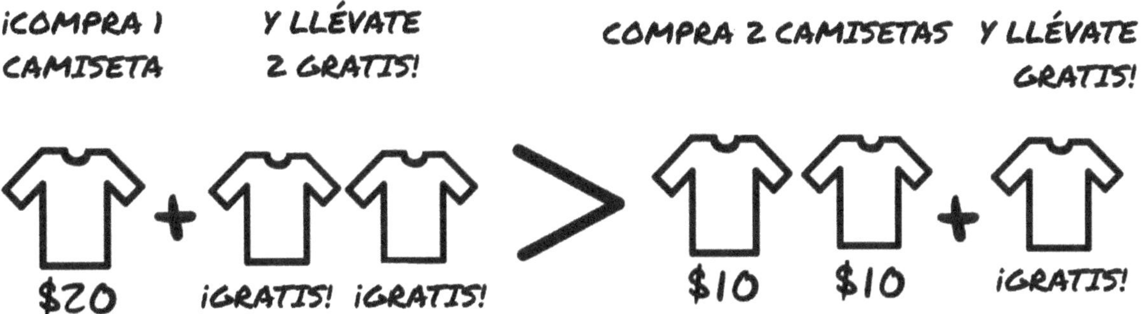

«Compra dos y llévate uno gratis» no es tan atractivo como «Compra uno y llévate dos gratis». Para que funcione mejor, regala más de lo que pides que compren. Simplemente juega con los precios hasta que te resulte conveniente.

Las cosas gratis pueden ser diferentes de las cosas pagas.

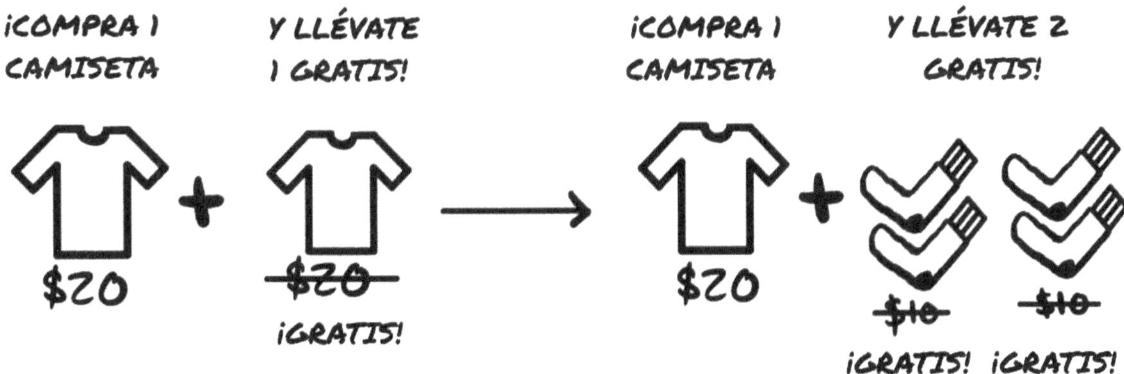

Puedes mezclar y combinar lo que quieras. Solo asegúrate de que el valor de los *diferentes* productos gratuitos siga haciendo que la oferta sea atractiva. Por ejemplo: supongamos que los calcetines tienen un valor de $10. Si compran una camiseta por $10 pero obtienen $20 en calcetines gratis, puede parecer una mejor oferta.

Más cosas gratis y más baratas pueden funcionar mejor que menos cosas gratis y más caras.

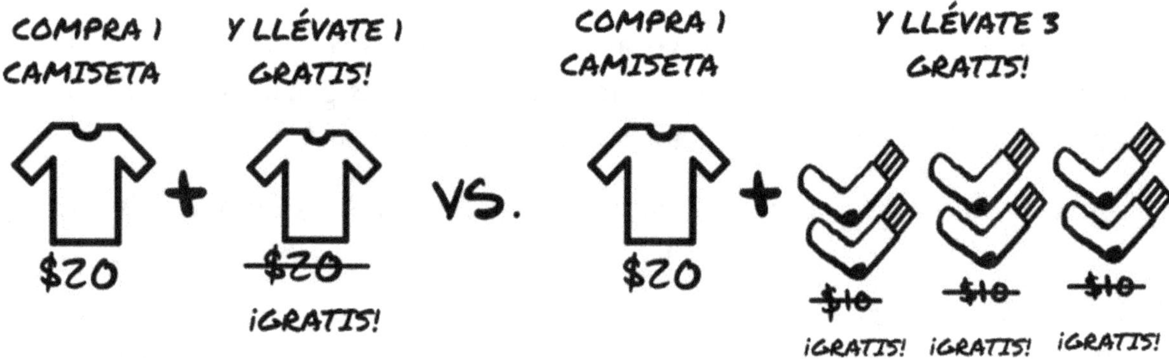

Supongamos que solo puedo permitirme regalar una camiseta, pero que por el mismo precio puedo regalar tres pares de calcetines. Probablemente probaría la oferta: «Compra 1 camiseta y llévate otra gratis» vs. «Compra 1 camiseta y llévate _3_ pares de calcetines gratis». Los calcetines cuestan menos que una camiseta, pero la gente sigue viendo: «Compra una cosa y llévate tres gratis». A veces, *más* cosas baratas funcionan mejor que *menos* cosas caras.

No hagas ofertas como esta si no sabes administrar el dinero. Aunque las ofertas del tipo «Compra X y llévate Y gratis» generan un flujo de caja enorme para un negocio, tienes que cumplir lo prometido. Así que, si recibes los pagos de todo un año en un mes, *asegúrate de poder cumplir* durante todo el año.

Haz esta oferta a tus clientes actuales para obtener dinero rápido. Si ya tienes un negocio recurrente y necesitas dinero rápido, puedes hacer esta oferta a tus clientes actuales. Solo limita el número de personas que pueden aceptar la oferta al 10% de tu base de clientes.

Incluso si los clientes pagan por adelantado ahora, puedes seguir vendiéndoles otros productos más adelante. Mucha gente cree que no debe hacer más ofertas a los clientes que pagan por adelantado. Esto es un error. Por experiencia propia, estas son las personas que más dinero gastan. Ofréceles otras ofertas y las comprarán.

Si los clientes solo compran una vez, haz que la compra sea lo más grande posible: si solo tienes una oportunidad, ¡más vale que la aproveches!

Ejercicio n.º 4: reformula tu oferta como «gratis».

Elige una oferta que ya tengas en tu negocio (producto, servicio o paquete). Ahora reescríbela como una oferta de *«Compra X y llévate Y gratis»* sin cambiar el valor total de lo intercambiado. Ejemplo: en lugar de «3 meses por $300», prueba con «Compra 1 mes y llévate 2 gratis».

Escribe tu versión a continuación:

Oferta actual: ____

Oferta reformulada: ____

Por qué esta fórmula parece más atractiva: _______________________

____

Ejercicio n.º 5: Prueba la regla «Más cosas gratis que pagas»

Enumera tres variaciones de la idea *«Compra X y obtén Y gratis»* para tu negocio. Asegúrate de que en cada versión el cliente reciba más cosas gratis de las que paga. A continuación, marca con un círculo la que te parezca más irresistible para tu público.

1. Compra ____________________ y llévate ____________________ gratis

2. Compra ____________________ y llévate ____________________ gratis

3. Compra ____________________ y llévate ____________________ gratis

   Oferta elegida: ____

   Por qué ganó: ____

   ____

UN REGALO PARA TI: Video del Curso Compra X y llévate Y gratis

«Compra X y llévate Y gratis», consigue mucho dinero y muchos clientes. Solo necesitas saber matemáticas. He creado un video gratuito para ti en el que te muestro algunas formas más creativas de utilizarlo. Puedes ver el video de forma gratuita en acquisition.com/training/money. Escanea el código QR que figura a continuación si odias teclear.

Paga menos ahora o paga más después

El tiempo es dinero - Benjamin Franklin

Junio de 2016.

Un titular me llamó la atención: *«Duplica tu velocidad de lectura en 3 horas o adquieres el curso gratis»*. Abrí y eché un vistazo al texto. En él, el lector más rápido del mundo ofrecía una formación gratuita para duplicar la velocidad de lectura en tres horas. Así que me inscribí. ¿Por qué no?

La página de registro decía: «Puedes registrar tu tarjeta de crédito por $0 y te cobraremos $297 mañana. Y si tu velocidad de lectura no se duplica, solo tienes que enviarnos un correo electrónico antes de esa fecha y cancelaremos el cargo. Pero debes asistir para poder optar por el beneficio» _o_ «Puedes pagar $97 ahora mismo y, como bonificación gratuita, obtener las grabaciones, que no estarán a la venta en ningún otro sitio».

Me decidí por la primera opción. Quería ver si mi velocidad de lectura se duplicaba antes de pagar nada. Durante toda la formación, esperaba que me vendiera más cosas. Pero simplemente me aportó valor. Después de dos horas, utilizando sus tácticas, mi velocidad de lectura se duplicó. *Impresionante*. La formación había cumplido su promesa. Se ganó sus $297.

Después de eso, me habló de cómo podía aprender a leer aún más rápido con su programa de entrenamiento de ocho semanas. Estaba satisfecho con mis resultados, así que decidí no aceptar la oferta adicional. Me enseñó una habilidad que sigo utilizando hoy en día. Pero el verdadero valor vino de aprender una oferta de atracción completamente nueva.

Descripción

En «Paga menos ahora o paga más después», ofreces a las personas la opción de pagar el precio completo más adelante O pagar un precio con descuento ahora. Esta estrategia funciona muy bien porque eliminamos *todo* el riesgo para el cliente. Pagan más adelante *y* solo si les gusta. Así que combina las ventajas de un pago aplazado y una garantía de satisfacción. *Cualquiera puede vender esto.* Casi todo el mundo aceptará pagar más tarde si está satisfecho. Pero, una vez que aceptan pagar más tarde, puedes motivarlos para que paguen *ahora* con importantes descuentos y valiosas bonificaciones.

La opción *de pagar después* te permite anunciarlo como «gratis», ya que los clientes pueden elegir si pagar o no. Esto atrae a muchos clientes potenciales. Pero esta oferta gratuita tiene una ventaja añadida: *obtenemos tu tarjeta en nuestros archivos.* Si eliges esta opción y no te gusta el producto, puedes cancelarlo en cualquier momento antes de que se realice el cargo.

Si aceptan la opción *de pagar después*, les hacemos una oferta de seguimiento para *que paguen ahora*. Las opciones *de pago inmediato* ofrecen un descuento de entre un 20 y un 50 % y bonificaciones mayores. Y como ya tenemos la tarjeta registrada, les facilitamos el pago.

Tanto si eligen *pagar ahora* como *pagar después*, tú tienes clientes y, probablemente, alguno de ganancia. Pero, para aprovechar al máximo esta oferta, necesitarás algo más que vender. Así que ten algo *más, mejor y más nuevo* que ofrecer para cuando llegue el momento adecuado. En la historia, fue el curso de formación de ocho semanas que ofreció al final. Y no te preocupes, en la siguiente sección profundizaremos en las ventas adicionales (upsells).

Ejemplos:

Encuentra tu primer negocio inmobiliario: taller gratuito de 3 días.

Paga después: $0 por un taller de 3 días. Se les cobrará $500 al final, a menos que cancelen.

Paga ahora: $299 por un taller de 3 días más grabaciones, una llamada 1 a 1 con un experto certificado en propiedades y material impreso para usar (entregado en el taller).

Venta adicional: $30.000 para guiarte en todos los pasos necesarios para cerrar tu primera operación en seis meses, *además de*: plantillas legales, asesores idóneos para evaluar la inversión, lista de verificación para la inspección, etc.

Servicio local para empresas: poda gratuita de cercos

<u>Paga después</u>: $0 por cortar el césped + podar los cercos, y luego $599.

<u>Paga ahora</u>: $369 por cortar el césped + podar los cercos + un tratamiento para el césped.

<u>Venta adicional</u>: $199 al mes por servicios de mantenimiento del jardín.

El representante acude a la casa, hace la cotización y ofrece ambas opciones, y luego hace la venta adicional una vez finalizado el trabajo.

Productos físicos: prueba de ropa por 14 días

<u>Paga después</u>*: $0 ahora. Recibes la prenda, y en 14 días te cobrarán $149.

<u>Paga ahora</u>: $97 por la prenda + un accesorio haciendo juego.

<u>Venta adicional</u>: La misma prenda viene con una oferta de suscripción mensual para recibir más prendas como esa.

Los clientes deben devolver el producto en perfecto estado antes de que se acredite el cobro para calificar para acceder a la garantía.

Notas importantes

Promete un resultado claro: sí o no. En primer lugar, haz que tu promesa sea un resultado claro de «sí o no». En segundo lugar, asegúrate de que puedes cumplirla dentro del plazo establecido. Si no lo haces, te pedirán que no les cobres. Mantén la promesa simple, clara y medible. Esto evita cancelaciones innecesarias.

Establece una garantía de satisfacción <u>condicional</u>. *Las personas solo pueden cancelar la facturación si cumplen los requisitos.* Asegúrate de hacer un seguimiento de las condiciones necesarias para cumplir los requisitos. Piensa en la asistencia, acudir a una cita, la entrega de datos, etc. Establece los criterios que deben cumplir las personas para sacar el máximo partido al producto.

Optimiza tus ofertas de «Paga ahora» y «Paga después». Si demasiadas personas eligen la opción de «Paga después», ofrece más descuentos en la opción de «Paga ahora», añade mejores bonificaciones o ambas cosas. Si demasiadas personas eligen la opción de «Paga ahora», haz lo contrario.

- La opción *«Paga después»* tiene un pago diferido con una garantía condicional.

- o Establece criterios claros para poder optar por la garantía y formas sencillas de medirla.

- o Si es posible, alinea los criterios con lo que hace que las personas obtengan el máximo valor del producto.

- La opción *«Paga ahora»* ofrece un descuento del 20 al 50 % y bonificaciones *si se paga ahora.*

   - o Ofrece a los clientes la opción *de pagar ahora* <u>después de</u> que acepten la opción de *pagar más tarde.*

   - o Si eligen *pagar ahora*, obtienen el descuento y las bonificaciones *en lugar de* la garantía.

Si más del 10 % de las personas que eligieron «Pagar después» cancelan su pago, hay 3 problemas: prometiste demasiado, las condiciones de la garantía son demasiado bajas o el precio es demasiado alto. <u>Nota</u>: Por más que cumplas con lo prometido, siempre habrá *algunas* personas que cancelarán su pago. No pasa nada. Tenlo en cuenta como parte de tus costos del negocio. Eso sí: presta especial atención a aquellos que afirman no haber recibido lo prometido antes de la fecha límite de cancelación.

Esto también funciona para los negocios con ingresos recurrentes. Solo tienes que darles la opción de pagar una tarifa más alta 30 días después, *o* pagar menos hoy y mantener la tarifa más baja para siempre. Y además, añade algunas bonificaciones. Consulta *la Sección V: Continuidad. Ofertas de bonificaciones por continuidad*, para obtener más detalles.

Ejercicio n.º 6: Crea tu oferta «Paga menos ahora / paga más después»

Utiliza la plantilla que figura a continuación para esbozar tu propia versión de esta estructura de oferta. Asegúrate de que la opción «Pagar después» incluya una garantía con condiciones claras y que la versión «Pagar ahora» incluya un descuento y bonificaciones.

Producto/Servicio :

Oferta de «Paga después»: _______________________________

Oferta de «Paga ahora»: _________________________________

Condición de la garantía (por ejemplo, asistencia, uso, etc.): ___________

____

Ejercicio n.º 7 Identifica una promesa clara de Sí/No

Escribe un resultado sencillo y medible que tu producto o servicio pueda prometer y que se pueda verificar claramente durante un período gratuito o de prueba. Asegúrate de que sea un resultado de «sí» o «no», sin grises.

Antes: ____

Después: ____

Cómo mediré el éxito (métrica o condición): ________________

____

UN REGALO PARA TI: Capacitación «Paga menos ahora, paga más después» [Sin suscripción]

Esta es una de las ofertas más creativas que he visto o utilizado en mi vida. Funciona excepcionalmente bien con productos digitales y servicios de corta duración. Pueden ser tremendamente eficaces y también «hacerte sentir bien». Además, es muy fácil enseñar a los vendedores a utilizarlas. Si deseas obtener más información al respecto, he preparado una capacitación más detallada para ti de forma gratuita en acquisition.com/training/money. Escanea el código QR para acceder de forma rápida y sencilla.

Oferta gratuita de buena voluntad

Quien dijo que el dinero no puede comprar la felicidad
es porque no ha regalado lo suficiente.

«En 2018 quedé tetrapléjico y vivía de la asistencia social hasta
que encontré tu contenido y tu libro... En los siguientes 12 meses
gané 50.000 dólares como freelancer». - Danny W.

Tengo una pregunta para ti...

<u>¿Ayudarías a alguien que no conoces si no te costara nada, aunque no obtuvieras ningún reconocimiento a cambio?</u>

La mayoría de la gente, de hecho, juzga un libro por su portada. Así que aquí va mi petición en nombre de un emprendedor en apuros al que no conoces: **por favor, ayuda a ese emprendedor dejando una reseña de este libro. Tu reseña puede ayudar a...**

...a una pequeña empresa como la de Bill a seguir prestando servicio a su comunidad. En palabras del propio Bill: *«Abrí una pizzería a principios de 2022, poco después de descubrir Ofertas de $100M. Las ventas empezaron lentamente, ¡pero lo logramos! Después de leer Prospectos de $100M, implementamos muchas cosas, como pedir a los clientes que hicieran donaciones al banco de alimentos local a cambio de la posibilidad de ganar pizza gratis durante un año. He perdido la cuenta de cuántos clientes nuevos hemos conseguido haciendo estas acciones comunitarias. Esto demuestra sin lugar a dudas que estas cosas funcionan para cualquier tipo de negocio. ¡Gracias!». - Bill T.*

...un emprendedor más como Thomas a mantener a su familia. En palabras del propio Thomas: *«Después de diez años, me despidieron de mi trabajo de 9 a 5. Pero entonces encontré tu libro y abrí una empresa de guías turísticos en Colorado. ¡Dos años después, ya tenemos cinco empleados! Literalmente, apliqué lo que aprendí y construí mi sueño. Ahora mis hijos y mi esposa son más felices que nunca».*

...un empleado más como Miguel a buscar un trabajo más significativo. En palabras del propio Miguel: *«Recibí el libro como regalo y decidí pasárselo a mis seis empleados. Desde entonces, nuestro negocio ha experimentado una transformación notable y sigue creciendo mes a mes. No solo eso, sino que también se lo di a los freelancers que trabajan para mí. Gracias».*

Si te dices a ti mismo que lo harás más tarde, en lugar de eso, ¡hazlo ahora! Tardarás menos de 60 segundos y podrías cambiar la vida de alguien para siempre.

Si estás en Audible, pulsa los tres puntos en la parte superior derecha de tu dispositivo, haz clic en «Calificar y reseñar» y luego deja unas cuantas frases sobre el libro con una valoración en estrellas.

Si lo estás leyendo en Kindle o en un lector electrónico, desplázate hasta la parte inferior del libro, desliza el dedo hacia arriba y te aparecerá una ventana para escribir una reseña.

Si por alguna razón esto ha cambiado, puedes ir a Amazon (o donde lo hayas adquirido) y dejar una reseña directamente en la página del libro.

Si te sientes bien ayudando a un emprendedor anónimo, eres mi tipo de persona. Bienvenido a #mozination. Eres uno de los nuestros.

Estoy muy emocionado por ayudarte a ganar más dinero del que puedas imaginar. Te encantarán las tácticas que voy a compartir en los próximos capítulos. Gracias desde el fondo de mi corazón. Ahora, volvamos a nuestra programación habitual.

- Tu mayor fan, Alex

Ejercicio n.º 8: Deja tu reseña del libro si te ha sido útil

Por favor, deja una reseña de este libro para que otros emprendedores puedan encontrarlo (si consideras que vale la pena). :)

Conclusión sobre las ofertas de atracción

¡Extra! ¡Extra! ¡Escucha todo al respecto!

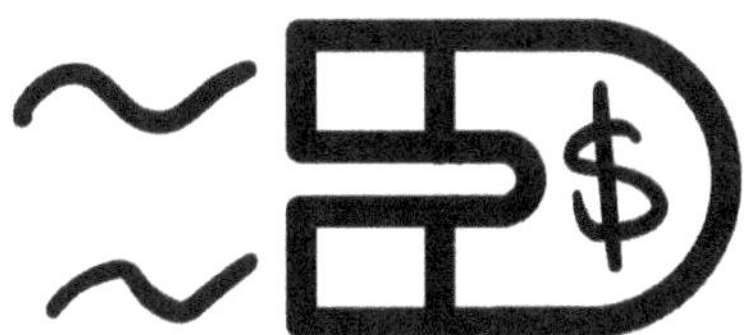

El objetivo de las ofertas de atracción es convertir a desconocidos en clientes. Y hacerlo de una manera que nos permita obtener más dinero por adelantado. Lo ideal es obtener suficiente dinero para cubrir el costo del cliente y el costo de entregar nuestro producto o servicio *varias veces*. De esa manera, podemos recuperar la inversión, pagarnos a nosotros mismos *y* conseguir nuestro próximo cliente.

Te mostré las cinco ofertas de atracción más poderosas que he visto y utilizado: Recupera tu dinero, Sorteos y promociones, Ofertas señuelo, Compra X y llévate Y gratis, y Paga menos ahora o paga más después. Las he aplicado en algún momento en cada negocio que tengo.

Después de utilizar las ofertas de atracción, hemos conseguido más clientes. Y ahora que los tenemos, necesitamos aumentar nuestras ganancias en 30 días vendiéndoles más productos. Esto nos lleva al siguiente componente de un *Modelo de dinero de $100M*: las ofertas de venta adicional, también llamadas ofertas de *upsell*: *qué ofrecer a continuación*.

Ejercicio n.°9: elige tu oferta de atracción

1. Elige la oferta de atracción con la que vas a empezar:

    a. Recupera tu dinero (   )

    b. Promociones (   )

    c. Ofertas señuelo (   )

    d. Compra X y llévate Y gratis (   )

    e. Paga menos ahora o paga más después (   )

2. Consulta las respuestas a los ejercicios de este capítulo y ponlo en marcha.

SECCIÓN III:
OFERTAS DE VENTA ADICIONAL (UPSELL)

¿Quieres papas fritas con esto? - La famosa venta adicional de McDonald's

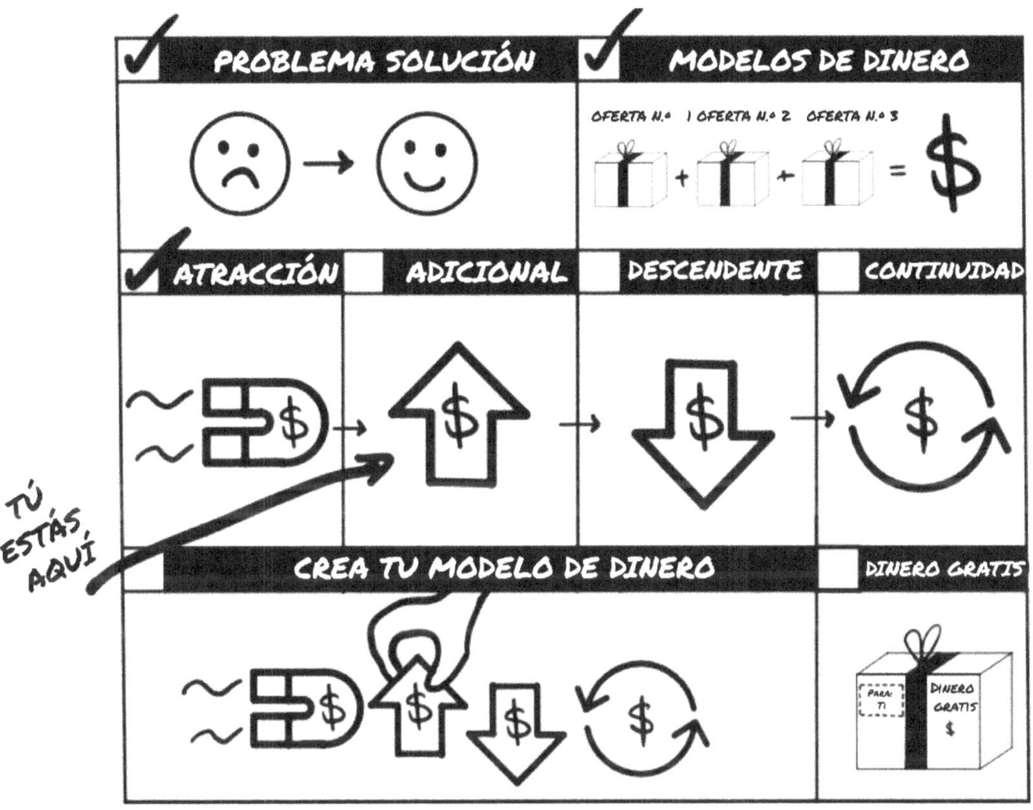

Cómo funcionan las ventas adicionales

Cuando una oferta resuelve un problema, inmediatamente aparece otro. Tú *vendes* la solución al problema que tu oferta revela. A menudo, las ventas adicionales generan la mayor parte de las ganancias. Son las que determinan el éxito o el fracaso de un modelo de dinero.

Supongamos que una hamburguesería obtiene $0,25 de ganancias por cada hamburguesa de $2. Si fuera la única oferta que tuvieran, tendrían que vender unas 10.000 hamburguesas al día para cubrir los gastos y *apenas* ganarse la vida.

Pero tienen más ofertas además de la hamburguesa. Preguntan*: «¿Quieres papas fritas con tu hamburguesa?»*. Si la respuesta es afirmativa, ganan otros $0.75 y luego preguntan*: «¿Quieres convertirlo en un combo?»*, lo que añade una bebida. Si la persona dice que sí, ganan $1.75 *adicionales*. Sus ganancias pasan de $0.25 a $2, *esto es un aumento de ocho veces.* Y además de eso, ofrecen una tercera venta adicional: «¿Quieres agrandar tu combo *por solo un dólar más?»*. Esto eleva las ganancias de unos míseros $0,25 a unos impresionantes *$3*, lo que supone *un aumento de 11,6 veces.* Y ahora esta pequeña hamburguesería tiene realmente posibilidades de triunfar.

Muestro este ejemplo básico (¡y muy común!) para *señalar* una cosa: tu primera oferta *no siempre* generará ganancias. En otras palabras, *lo que más vendes no siempre es lo que más ganancias te genera.* Las ganancias las obtienes con la segunda, la tercera y, en el caso del negocio de las hamburguesas, la cuarta oferta y las siguientes. Si McDonald's no vendiera papas fritas y refrescos, no existiría McDonald's. Si quieres ganar, tienes que descubrir tu versión de «¿Quieres papas fritas con es*to?»*. Si no lo haces, otros lo harán.

Las ventas adicionales fracasan cuando:

- Ofreces algo que no quieren (demasiado diferente o que no resuelve su problema).

- Lo ofreces en el momento equivocado (antes de que hayan experimentado el problema).

- Lo ofreces de forma incorrecta (no te creen).

- O una combinación de los casos anteriores.

En resumen, las ventas adicionales suelen ofrecer:

- *Más* de lo que acaban de comprar (piensa en la cantidad): ¿por qué comer una hamburguesa cuando puedes comer dos?

- Versiones *mejores* (piensa en la calidad): ¿por qué comer carne misteriosa cuando puedes comer solomillo?

- Productos *nuevos* o complementarios (piensa en algo diferente): ¿quieres pa*pas fritas y un refresco con tu hamburguesa?*

Yo utilizo cuatro ofertas de venta adicional sencillas y tremendamente eficaces:

- La venta adicional clásica

- Ventas adicionales de menú

- Ventas adicionales de anclaje

- Ventas adicionales por rotación

Y con solo unos pequeños ajustes, puedes incorporarlas a tu negocio hoy mismo. **Advertencia**: esta sección es tremendamente eficaz y debe utilizarse de forma ética. Dicho esto, ¡vamos a ganar dinero!

Venta adicional clásica

¡No puedes tener X sin Y!

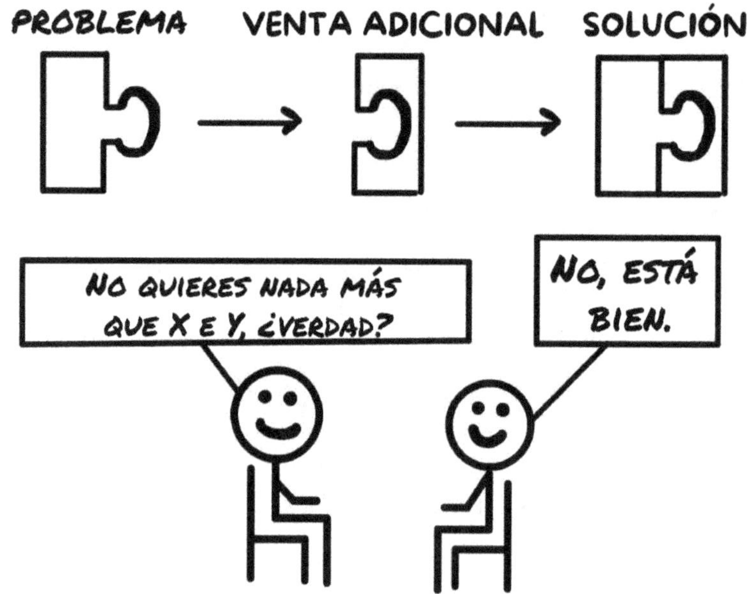

Verano de 2016.

Estaba sentado en un restaurante elegante con un mentor de mi infancia, un exitoso distribuidor de abrigos de piel, empresario de cuarta generación. Él empezó por comentar lo cara que era la comida. De repente, la conversación dio un giro y mencionó que yo ahora estaba «en el juego». Ahí empezó a contarme cómo había inventado el «almacenamiento de verano» para abrigos de piel y ganaba millones cada año con eso. Entusiasmado comenzó a explicarme su nuevo modelo de negocio:

«Anunciamos orejeras gratis con el guardado del abrigo. Y escucha esto: cuando los clientes vienen a recoger sus orejeras y a guardar sus abrigos, les decimos: *«Perfecto. También los guardaremos por $30. ¿No quieren guardar nada más, verdad?»*. Y, por supuesto, dicen que no».

Yo le digo: «Un momento, ¿así que consigues que paguen por un almacenamiento adicional por las orejeras gratis… haciendo que digan que no?»

¡Exacto!

Me enseñó cómo conseguía que los clientes guardaran sus orejeras gratuitas haciéndoles decir que no querían guardar nada *más*. Esto se llama «cierre asumido», y lo veremos en un momento.

Descripción

La venta adicional clásica ofrece una solución al siguiente problema del cliente *en el momento* en que este se da cuenta de él. Explico primero la venta adicional clásica porque es extremadamente rentable, fácil y cualquiera puede hacerla. La razón principal: los clientes actuales *siempre* tienen más posibilidades de comprar tus productos que los desconocidos. Y, si se hace en el momento adecuado, los clientes se venden a sí mismos.

La venta adicional clásica se basa en saber más sobre el problema de tus clientes que ellos mismos. La idea es sencilla: tu oferta principal resuelve un problema y crea otro. *Tu venta adicional resuelve inmediatamente ese siguiente problema.* Esto le da a la venta adicional clásica su estructura de «no puedes tener X sin Y». Como la historia del coche de alquiler. No puedes tener un coche sin seguro. No puedes tener un coche sin gasolina. No puedes tener un buen viaje sin un check-out tardío. Etc. Y todas estas cosas se hacen evidentes inmediatamente *tan pronto como* el cliente realiza la primera compra.

Conclusión: si surge un problema y puedes resolverlo inmediatamente, a cambio de dinero, ¡hazlo!

Ejemplos

Servicio local de lavado de coches

Primera compra: lavado de coches

Venta adicional: encerado

No querrás lavar el coche sin encerarlo. Obtienes mucho más por tu dinero.

Producto físico

Primera compra: Bicicleta

Venta adicional n.º 1: Casco

Venta adicional n.º 2: Luces

Venta adicional n.º 3: Neumáticos resistentes a los pinchazos

¡No puedes andar en bicicleta sin casco!

<u>Producto digital</u>

Primera compra: Curso sobre ejercicio físico

Venta adicional: Curso sobre nutrición

No puedes compensar una mala alimentación con ejercicio… así que te interesará nuestro curso sobre nutrición.

Notas importantes

Hazlo de verdad. Te sorprendería saber cuántas empresas acuden a mí y solo venden una cosa.

Ofrece primero las ventas adicionales más rentables. Si ofrezco dos productos y uno tiene más beneficio que el otro, ofrezco primero la opción más rentable.

Haz que digan «no» para que digan «sí». La gente está acostumbrada a decir «no» cuando se le pregunta «¿No quieres nada más?». Pero esto en realidad convierte un «no» en un «sí». Así que, al realizar una venta adicional, la pregunta se traduce en: «¿No quieres nada más [además de lo que te acabo de ofrecer]?».

Sorprende y complace. Supongamos que tienes cuatro bonificaciones que guardas para añadir y animar a comprar a las personas que están indecisas. Añádelas de una en una. Si dicen que sí antes de añadirlas, dales las cuatro de todos modos. Les sorprenderá y les encantará.

Vende más cuando compran más: ciclo de hipercompra. La mayoría de los compradores entran en un ciclo de «hipercompra» cuando deciden hacer algo nuevo. Es entonces cuando gastan una gran cantidad de dinero en un corto período de tiempo. Piensa en las bodas, empezar nuevos hobbies, tener hijos, mudarse, etc.

Utiliza bonificaciones gratuitas para crear problemas que las ofertas de venta adicional puedan resolver. Las bonificaciones resuelven problemas. Y debido al ciclo de problema-solución, también pueden revelarlos. Las ventas adicionales pueden resolver ese nuevo problema.

Cuanto más rápido accedan las personas a algo, más lo valorarán. Una cosa que cuesta $10.000 y que obtienes más tarde vale menos que una cosa de $10.000 que obtienes ahora. Cuanto más tiempo tarda alguien en acceder a algo, menos valor tiene en ese momento. Así que, si quieres aumentar las posibilidades de que acepten la venta adicional, ponla a su disposición lo antes posible. Ganarás puntos extra si se la entregas antes de que digan que sí. Es mucho más difícil devolver algo que decir que no.

Si agrupas ventas adicionales, ponles un nombre. Es más fácil venderle a alguien una cosa que nueve. Al agrupar artículos, puedes hacer una sola «oferta» y conseguir nueve ventas. Yo nombro los paquetes en función del tipo de cliente *y/o* del resultado. Por ejemplo, el paquete «Resultados más rápidos», el «Paquete de transformación» o el «Paquete mínimo».

Integra las ventas adicionales en tus otras ofertas. Haz que las ventas adicionales formen parte de tus ofertas iniciales. Así, más clientes las aceptarán. Integra lo siguiente que quieras vender en lo primero que compren.

Asegúrate de Concertar Una Cita Desde Otra Cita (CUCDOC). Cuantas más veces puedas realizar ventas adicionales, más personas comprarán. Si vendes más a más personas, ganarás más dinero. Como eso es lo que quieres, termina cada cita programando la siguiente. Así que, si acuerdas volver a reunirte, *acuerda también el motivo y la fecha en ese mismo momento.*

Vende más productos **adicionales tantas veces como sea razonable.** Ofrece tantas soluciones como problemas puedas resolver. No seas tímido. Si puedes resolverlo, ofrécete a hacerlo. Lo segundo peor que puede pasar es que te digan que no. *Lo peor es que te hubiesen dicho que sí, pero tú nunca se lo hubieses preguntado.*

Vende garantías y seguros. Muchas empresas ofrecen garantías sobre sus productos. Muchas empresas ofrecen seguros sobre sus productos. Puedes vender todos ellos. *Así que, en lugar de hacerlo gratis, solo tienes que añadir entre un 5% y un 50% al precio a cambio de la garantía de que tu producto hace lo que dices que hace.* Por ejemplo: un estudio de arte solía reemplazar los retratos dañados sin cargo alguno. Les dije que empezaran a preguntar a los clientes si estarían dispuestos a pagar un 10% más por eso. Ahora, el 30% de los clientes compran una garantía que el estudio de arte solía ofrecer de forma gratuita. Pura ganancia.

Ejercicio n.º 10: Diseña tu venta adicional clásica «no puedes tener X sin Y» para aumentar las ventas

Empieza con una de tus ofertas principales. Identifica el problema inmediato y lógico que esta oferta crea. Luego, escribe la venta adicional que resuelve ese nuevo problema.

Oferta principal: ____

Problema inmediato que crea: ____________________________________

Oferta de venta adicional (resuelve ese problema): ________________

____

Cómo lo plantearías: «No puedes tener [X] sin [Y]».

Ejercicio n.º 11: Crea un paquete + opción de venta adicional

Agrupa de 2 a 4 ventas adicionales relacionadas en un paquete con nombre. A continuación, identifica un artículo que puedas «separar» como venta descendente si el cliente duda.

Nombre del paquete: ____

Qué incluye: ____

Opción de venta descendente separable: __________________________

____

Cómo lo plantearás: «¿Prefieres empezar solo con [X]?».

Ventas adicionales de menú

No necesitas eso... necesitas esto.

Diciembre de 2013.

Me costaba horrores vender suplementos en mi gimnasio. Probé de todo: mantener las estanterías llenas y explicar los fundamentos científicos. Nada funcionaba. Un día especialmente malo, después de atender 19 consultas fallidas sobre asesorías nutricionales, estaba desesperado por venderle algo al cliente número 20. Nervioso, olvidé mi speech y simplemente le pregunté al cliente qué sabor prefería, lo que inesperadamente me llevó a cerrar la venta. Continué con este enfoque, preguntando también si querían usar la tarjeta que ya tenían registrada, y terminé vendiendo a los siguientes 20 clientes.

Conclusión: Descubrí dos tácticas que cambiaron para siempre mi estrategia de ventas adicionales. En primer lugar, la venta adicional A/B: pregunto *qué producto prefieren* en lugar de *si* quieren el producto. En segundo lugar, pregunto *si quieren utilizar la tarjeta que tenemos registrada* en lugar de pedirles que vuelvan a sacar su tarjeta. Sigo utilizando ambas tácticas hasta el día de hoy.

Agosto de 2014.

Después de dominar mi técnica inicial de ventas, vendía de forma consistente entre $5.000 y $10.000 en suplementos al mes. Un día, las preguntas incesantes de un cliente me llevaron a escribir instrucciones detalladas, que inesperadamente se convirtieron en una poderosa herramienta de ventas. Al incorporar instrucciones escritas en mi proceso de ventas y dar por hecha la venta, aumenté drásticamente mis ganancias sin necesidad de dedicar tiempo extra a cada cliente.

Conclusión: aprendí que las instrucciones *detalladas* y *personalizadas* hacen que más personas compren que las sugerencias vagas y generales. A esto lo llamo «venta adicional por prescripción».

Noviembre de 2016.

Me había vuelto muy bueno vendiendo suplementos durante los lanzamientos de los gimnasios, tan bueno que me quedaba constantemente sin stock. Un día, una clienta entró preguntando por unos productos que ya se habían agotado. Sin pensarlo, hice algo diferente: empecé a «desvender». Le recomendé alternativas más baratas que funcionarían igual de bien e incluso taché de su lista los artículos que en realidad no necesitaba. Su reacción me sorprendió. En lugar de sentirse decepcionada, parecía aliviada y agradecida. Mi enfoque honesto, decirle lo que *no debía* comprar y centrarme solo en lo que le ayudaría, generó confianza al instante. Aunque había eliminado la mitad de su lista y rebajado el resto, ella igual me compró. Y lo que es más importante todavía, se sintió bien al hacerlo.

Fue entonces cuando comprendí algo muy poderoso: a veces, la mejor manera de vender es no vender. Más tarde, incluso empecé a tener ciertos productos en stock solo para poder tacharlos delante de los clientes. Suena contradictorio, pero ese simple gesto de eliminar algo que no necesitaban generó la suficiente buena voluntad como para que confiaran en mis recomendaciones sobre lo que *sí* necesitaban.

Conclusión: a esta técnica la llamo «desventa».

Descripción

En una venta adicional de menú, le dices a los clientes qué opciones no necesitan. Luego, les dices lo que sí necesitan, sus preferencias *y* cómo obtener valor de ello. Las ventas adicionales de menú combinan hasta cuatro tácticas: desventa, venta adicional por prescripción, venta adicional A/B y tarjeta registrada.

En primer lugar, desaliento <u>la venta</u> de lo que los clientes no necesitan.

En segundo lugar, les <u>prescribo</u> lo que sí necesitan.

En tercer lugar, les pregunto sus preferencias entre <u>A y B</u>.

Por último, facilito la compra preguntándoles si quieren utilizar la <u>tarjeta registrada</u>.

Desventa. Desalientas al cliente diciéndole lo que no necesita para poder enfatizar lo que sí necesita. Aquí, en lugar de preguntarle ***si*** quiere comprarlo o no, les explicas ***lo que no necesita*** para que ***se entusiasme con lo que sí necesita.*** Las desventajas varían en función de las necesidades del cliente. Cuando algunas opciones funcionan mejor, puedes tachar el resto. Después de decirles lo que <u>no necesita</u>...

Venta adicional por prescripción. Le decimos al cliente lo que <u>sí</u> necesita. Las ventas adicionales prescritas funcionan bien cuando ofrecer una opción es inconveniente y solo tienes una cosa que resuelve el problema. La venta adicional por prescripción tiene dos componentes importantes. En primer lugar, tienes que explicar cómo se integra con las ofertas que ya ha comprado. En segundo lugar, personalizas y detallas cómo maximizar su valor. En este caso, en lugar de preguntarle ***si*** quiere comprarlo o no, les explicas ***cómo utilizarlo*** como si ya lo tuviera. Una vez más, eliminamos la opción de no comprar para reducir la probabilidad de que no lo hagan. Y una vez que les he explicado exactamente cómo van a utilizar todo...

Venta adicional A/B. Les preguntamos cuáles son sus preferencias. Las ventas adicionales A/B funcionan cuando tenemos *múltiples ofertas que resuelven el mismo problema.* Las ventas adicionales A/B se realizan preguntando sus preferencias. En lugar de preguntar al cliente ***si*** quiere comprar un producto, por sí o por no, les preguntamos qué producto ***prefiere***: A o B. Cualquiera de las dos opciones da lugar a una venta adicional. Básicamente, cuando le das a las personas la opción de no comprar, algunas no compran. Por eso, les doy la opción de elegir comprar entre dos cosas similares. Una vez que saben lo que están comprando y cómo lo van a utilizar, les sugiero la forma más fácil de pagar...

Tarjeta registrada. La cereza del pastel de toda esta genialidad de la venta adicional. Literalmente pregunto: «¿Quieres usar la tarjeta que ya tienes registrada?». En este caso, en lugar de preguntar ***si*** quieren pagar o no, te ***refieres*** a las opciones que ya tienen. Esto hace que más personas compren porque reduce los «costos ocultos» de la compra. Elegir qué tarjeta usar. Sacarla. Recordar decisiones de compra desagradables del pasado. Incluso la molestia de comprar cosas con prisa... y quién sabe cuántas cosas más. Solo ten en cuenta lo siguiente: si facilitas la compra a las personas, más personas comprarán.

<u>Me llevó diez años aprender esto. Espero que tú obtengas el mismo valor en diez minutos.</u>

   59

Ejemplos

Masajista

Desventa: Tenemos un masaje linfático disponible, pero no estás embarazada ni acabas de salir de una cirugía, ¿verdad? Entonces podemos descartar esta opción.

Prescripción: Como te duele el hombro, primero calentaremos la zona, luego trabajaremos en los puntos de tensión y, después, haremos algunos estiramientos dinámicos.

A/B: ¿Prefieres hacerlo antes de ir al trabajo o de camino a casa?

Tarjeta registrada: ¿Quiere usar la tarjeta que tenemos registrada?

Comida para perros

Desventa: No vas a necesitar esta bolsa pequeña ni estos productos para cachorros, ¡tienes un perro grande! Tampoco necesitarás estas vitaminas porque la comida ya las contiene.

Prescripción: Te recomiendo darle a tu perro uno de estos masticables para las articulaciones en cada comida. Y cada 90 días, dale una de estas galletas para los parásitos. Además, asegúrate de traerlo de vuelta el mes que viene. Vamos a reservar la cita ahora mismo.

A/B: ¿Tu perro prefiere el sabor a ternera o a pollo?

Tarjeta registrada: ¿Quieres usar la tarjeta registrada?

Producto digital

Desventa: No necesitas los ocho cursos. Solo necesitas resolver X, Y y Z. Te diré algo. Te enviaré material gratuito que resolverá los problemas X e Y. Entonces, solo necesitarás un curso para el problema Z...

Prescripción: Pero para resolver Z, definitivamente querrás hacer el curso de *esta* manera en particular. ¿Puedes dedicarle una hora al día? Genial. Esto evitará que surjan otros problemas Z más adelante.

A/B: ¿Prefieres recibir asistencia por mensaje directo o por teléfono? Estupendo. ¿Y te gustaría empezar hoy o el lunes?

Tarjeta registrada: Genial. ¿Quieres usar la tarjeta registrada?

Notas importantes:

Haz que cualquier cosa sea vendible en formato A/B. Puedes convertir *cualquier cosa* en una oferta A/B. Solo para darte algunas ideas... Cantidad (¿quieres una botella o dos?), fechas de inicio (¿mañana o el lunes?), preferencia de pago (¿efectivo o tarjeta?), sabores (¿chocolate o vainilla?), franjas horarias (¿por la mañana o por la tarde?), medios (¿leer o escuchar?), velocidades de entrega (¿estándar o urgente?), tamaños (¿pequeño o mediano?), colores (¿negro o blanco?), materiales (¿papel o plástico?), personal (¿John o Sara?), comunicación (¿llamada o mensaje de texto?). Con un poco de creatividad, puedes convertir *cualquier cosa* en una venta adicional A/B.

Si haces una oferta A/B, añade un empujoncito. Si tus clientes tienen poca experiencia con tus productos o servicios, ayúdalos un poco a decidirse. *«Este es mi favorito»* o *«X suele ser una apuesta segura»* o *«A mucha gente le encanta»* o *«Las sesiones de los martes son un poco más reducidas, si te gusta eso»* o *«Amy se lleva muy bien con los estudiantes de secundaria»*. Estas frases cortas realmente ayudan a impulsar las ventas. (Pista: si quieres vender más rápido un producto en particular, *dale* un empujoncito extra).

Si se ha agotado, acepta el pago y retrasa la entrega. Más tarde aprendí que podía venderles los productos, hacer el pedido y establecer una fecha de entrega prevista. Esto me permitió vender muchos más productos, ya que no tenía que mantener un stock. Si se agota, considera la posibilidad de cobrar el dinero y diferir la fecha de entrega. Te sorprenderá lo bien que funciona.

A los empleados les encanta hacer «desventas». A los empleados a menudo *les gusta* ayudar a los clientes a «burlar el sistema». *Permíteles hacerlo.* Anima a los empleados a ayudar a los clientes a burlar el sistema a propósito. Tus empleados tienen información privilegiada, así que déjales mostrar a los clientes cómo sacar el máximo partido a lo que ofreces. Todos saldrán ganando.

Ejercicio n.° 12: Crea tu menú de ventas adicionales

- Escribe lo que vas a *desvender*: _______________________________
- Escribe lo que vas a *prescribir*: _______________________________
- Escribe tu *oferta A*: _______________________________

  Oferta B: _______________________________
  - ○ ¿Cuál vas a recomendar (A o B)?

Escribe cuándo obtendrás la tarjeta para poder utilizar la *tarjeta registrada* en el cierre: _______________________________

Venta adicional por anclaje

Lo único peor que hacer una oferta de $1.000 a una persona con un presupuesto de $100… es hacer una oferta de $100 a alguien con un presupuesto de $1000.

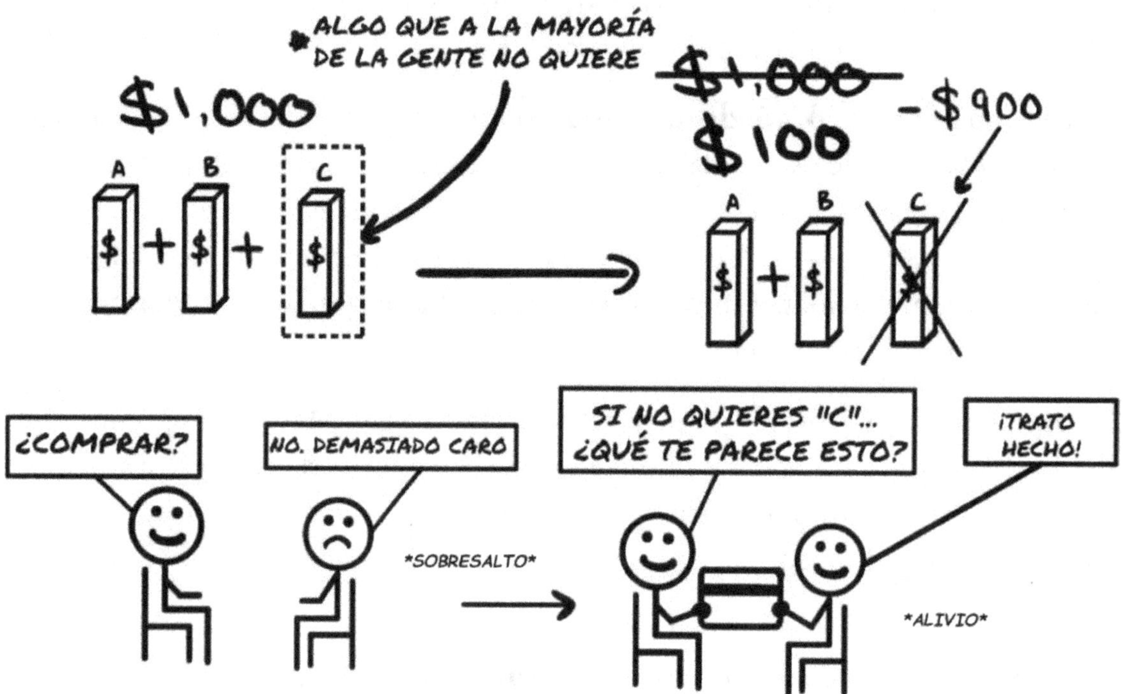

2016. Después de lanzar Gym Launch, pero antes de ganar dinero.

Después de arrancar *Gym Launch*, decidí comprar un traje para verme más profesional. Mi presupuesto para la compra era de $500. En la tienda de trajes, lo primero que me hicieron probar fue un traje de $16.000. Cuando vi el precio, me sentí incómodo, fuera de lugar, casi avergonzado. El dueño, al darse cuenta de mi incomodidad, rápidamente me ofreció un traje de $2.200, que comparado con el anterior, parecía totalmente razonable. Al final, terminé gastando $2.500. Mirándolo en retrospectiva, me di cuenta de que el dueño había utilizado hábilmente la técnica de anclaje de precios. El traje de $16.000 hizo que el de $2.200 pareciera una ganga. Como resultado, gasté cinco veces más de lo que había planeado… y encima me fui contento con la compra.

Descripción

Si presentas primero una versión premium que cuesta entre 5 y 10 veces más, mucha gente dirá que no. Pero cuando luego presentas tu oferta principal, parece *un ofertón*. Por lo tanto, más personas la comprarán.

Las ventas adicionales con anclaje funcionan mejor cuando la oferta más barata tiene las mismas *funciones básicas* que la premium. En mi caso, no me importaba mucho el diseñador. Yo solo necesitaba un traje. Así que, en comparación con el traje de $16.000, el de $2.200 era *un negocio espectacular*.

Las ventas adicionales con anclaje además tienen dos ventajas increíbles. En primer lugar, los clientes anclados gastan más de lo que normalmente gastarían. En segundo lugar, *algunos clientes siguen comprando el artículo súper caro*.

Estos son los pasos:

1) Presenta el ancla: el artículo realmente caro.

2) Consigue «sobresalto»: espera que el cliente se asuste por el precio.

3) Acude al rescate: pregúntale si le importa *lo que lo hace premium*.

4) Presenta tu oferta principal: espera a que el cliente se sienta aliviado y vea que es *una mejor oferta*.

5) Pregúntale cómo quiere pagar: *¿qué tarjeta prefieres?*

Ejemplos

Servicio local: cuidado del césped

Anclaje premium: Obtén mi número personal de celular, mantillo premium, control de plagas natural, mantenimiento del jardín quincenal: $1.000 por semana.

Oferta principal: Obtén el número de mi equipo, mantillo genérico, control de plagas normal, mantenimiento del jardín cada dos semanas: $200 por semana.

Producto físico: un cuadro

Anclaje premium: Embalaje superprotector + seguro por 20 años + envoltorio de regalo = $1.000

Oferta principal: Embalaje normal + seguro por 1 año + 1 sticker = $200

Producto digital: boletín informativo

Anclaje premium: Todos los números anteriores + números nuevos + 24 horas antes = $199/mes

Oferta principal: Solo nuevos números + el día del lanzamiento = $19/mes

Notas importantes

Si tratas el ancla como si fuera algo falso, el cliente también lo hará. Para que esto funcione, tienes que venderla de verdad y ellos tienen que considerarla de verdad. Solo después de que se detengan, duden o pidan algo más, pasas a la siguiente opción. No te limites a seguir los pasos solamente para cumplir, porque no funcionará.

Haz una oferta premium que realmente quieras que la gente compre. Presenta tu oferta premium como si de verdad *quisieras* que la gente la aceptara. La mejor manera de hacerlo es hacerla lo suficientemente cara como para que te haga feliz si la compran. Y si no lo hacen, al menos los habrás anclado.

Un ancla adecuada provoca «el sobresalto». Cuando haces correctamente una venta adicional con ancla, los clientes tienen pequeños ataques de pánico. Yo lo llamo «el sobresalto». Cuanto mayor sea el sobresalto, más terminarán comprando.

Una vez que consigas ese grito ahogado, acude al rescate. Ten preparado un plan B para ofrecerles cuando se sobresalten. Y si no se sobresaltan… ¡ve a por esa venta monstruosa!

Para que más personas compren tu oferta principal, hazla más atractiva. Solo modifica algunas características de tu oferta premium para crear tu oferta principal. Todas las ofertas tienen características. Algunas características son más importantes que otras. Es mejor que las características principales sigan siendo las mismas. A menos personas les importan las características secundarias, *así que cámbialas.* Después del anclaje, ofrecer las características principales por ⅕ del precio hace que la oferta principal *sea muy atractiva.*

Ejercicio n.º 13: Crea tu venta adicional de anclaje

1. Escribe el precio de tu oferta de anclaje (*ultra premium*) (x5-x10+):

   ____

   a. Componente n.º 1: Componente PRINCIPAL de la oferta de anclaje:

   ____

   b. Componente n.º 2: Componente PRINCIPAL de la oferta de anclaje:

   ____

   c. Componente n.º 3: Componente SECUNDARIO de la oferta de anclaje: _______________________________________

   d. Componente n.º 4: Componente SECUNDARIO de la oferta de anclaje: _______________________________________

2. Escribe tu oferta principal con componentes secundarios *ligeramente* diferentes:

   a. Precio de la oferta principal (entre ⅕ y ⅒ del precio de anclaje):

   ____

   b. Componente n.º 1: Componente PRINCIPAL de la oferta principal: (IGUAL)

   c. Componente n.º 2: Componente PRINCIPAL de la oferta principal: (IGUAL)

   d. Componente n.º 3: Componente SECUNDARIO de la oferta principal (*diferente al de la oferta de anclaje anterior*): _______________________

   ____

   e. Componente n.º 4: Componente SECUNDARIO de la oferta principal (*diferente al de la oferta de anclaje anterior*): _______________________

   ____

Oferta adicional renovable

¿Quieres renovarla?

Junio de 2014.

Había estado llevando a cabo con éxito una oferta de «Recupera tu dinero» en mi gimnasio, pero tenía un problema: me costaba mucho conseguir ingresos recurrentes, ya que los ganadores solían marcharse después de los meses gratis. Mi amigo Justin, con una oferta muy similar, parecía estar haciéndolo mucho mejor, así que fui a verlo para entender qué estaba haciendo distinto. La diferencia clave fue esta: Justin "trasladaba" las ganancias a una membresía anual. En lugar de devolver el dinero en un solo pago o dar un crédito de una sola vez, les daba a los ganadores $50 de descuento por mes durante un año. Este enfoque garantizaba ingresos recurrentes inmediatos y una mayor retención de clientes, revelando el eslabón perdido en mi modelo de dinero y resolviendo mi problema de flujo de caja.

Descripción

Las ventas adicionales renovables transfieren parte o la totalidad de las compras anteriores de un cliente a su próxima oferta. Y esto, según mi experiencia, hace que *mucha más* gente la acepte. Así que, una vez que sé cuánto crédito dar, averiguo tres cosas: a *quién* venderle más, *qué* venderle más y *cómo* transferir el crédito.

En cuanto a *quién*, utilizo las ventas adicionales renovables en cuatro situaciones:

En primer lugar, para volver a atraer a los clientes que se marcharon hace tiempo.

Segundo, para rescatar a los clientes molestos como una alternativa mejor que el reembolso.

En tercer lugar, para «rescatar» a los clientes insatisfechos *de otras personas*.

Cuarto, para venderles productos adicionales a los clientes habituales.

En cuanto al *qué*, recuerda que puedes venderles *más de lo que acaban de comprar, algo mejor* o *algo nuevo y diferente*. Para ganar dinero: transfiere su crédito a algo más caro.

En cuanto al *cómo*, puede aplicar todo o parte del descuento por adelantado o distribuirlo a lo largo del tiempo.

Ejemplos de ventas adicionales renovables

Quiropráctico: *vuelve a atraer a antiguos pacientes con una campaña de «recuperación».*

Quién: Clientes que no han comprado nada en los últimos seis meses.

Qué: Nuevo plan.

Cómo: Crédito aplicado de una sola vez.

Ponte en contacto con tus antiguos pacientes. Consulta su historial de compras. Ofréceles aplicar parte o todo lo que ya pagaron como crédito para algo más caro de lo que compraron antes.

Ejemplo: *«Hola, señora Banks, quería devolverle su dinero, ¿tiene un minuto? Genial. ¿Cómo sigue su dolor de espalda? Oh, lamento escuchar eso. Bueno, tengo buenas noticias. Como forma de agradecimiento, quiero devolverle $500 de su dinero en forma de crédito para que no vuelva a tener dolor nunca más. ¿Le interesa? Genial... vamos a agendar una cita...».*

Dentista: *salva a tu cliente molesto con una venta adicional renovable*

Quién: Cliente molesto.

Qué: Blanqueamiento dental.

Cómo: Crédito inicial de $200.

La persona paga $200 por una limpieza dental, pero siente que sus dientes no quedaron más blancos. Le explicas que necesitaría algo más para obtener resultados realmente visibles y le vendes un paquete de blanqueamiento dental que incluye varias sesiones, un kit para usar en casa y varias limpiezas profundas. Le ofreces acreditar los $200 que pagó por la limpieza como parte del paquete de blanqueamiento.

Software: *Rescata (ejem… roba) a los clientes molestos de otros*

Quién: Clientes de la competencia

Qué: Contrato de servicio

Cómo: Trasladar el costo de romper el contrato anterior.

Buscas clientes molestos de la competencia y acreditas lo que ya pagaron con ellos como crédito para comprar contigo. Trasladas el monto que todavía deben pagarles como crédito hacia un contrato más largo contigo.

Ejemplo: *«Hola, John, he visto tu reseña negativa sobre X producto y me ha molestado mucho. Para compensarte, te acreditaré los pagos pendientes que tienes con ellos para que te cambies a nuestro servicio. De esta manera, no pierdes nada y empiezas a disfrutar de las ventajas ahora mismo. ¿Te parece justo?».*

Membresía: *distribuir la primera compra a lo largo de un plazo determinado*

Quién: Clientes actuales

Qué: Membresía de 12 meses

Cómo: Distribuir la primera compra.

Alguien compra un pequeño paquete de servicios o una membresía por un tiempo determinado. Tan pronto como lo haga, puedes ofrecerle aplicar el importe total a un período más largo, por ejemplo, 12 meses. Puedo hacer la venta adicional de renovación en cualquier momento, pero prefiero hacerlo en ese momento. Cuando lo haces, tomas el costo de la primera compra y lo aplicas como descuento sobre el contrato más largo. Por ejemplo, una primera compra de $600 supone un descuento de renovación de $50 al mes durante 12 meses.

Notas importantes.

Utiliza las ofertas de renovación para atraer a nuevos clientes. Por ejemplo, traslada parte o todo lo que los clientes pagaron a otro negocio como crédito *para tu producto o servicio.* Puedes encontrar clientes potenciales para esto recopilando información de contacto de reseñas negativas de productos, cuando estén disponibles.

Realiza ventas adicionales renovables *antes* de reembolsar. Si no has hecho un buen trabajo (oye, estas cosas pasan), ofrece una segunda oportunidad. Y si quieren algo diferente, ofréceles una compra alternativa.

Tus antiguos clientes siguen siendo clientes. Intenta venderles más. Ponte en contacto con tus antiguos clientes (aquellos que no compran desde hace más de 6 meses). Fíjate en cuánto pagaron antes. Decide cuánto estás dispuesto a ofrecerles para renovar. Ofréceles eso. Yo lo llamo «campañas de reactivación».

Añade urgencia a las ventas adicionales por renovación. Haz que sean únicas. Opcional: haz que el momento en que presentas la oferta sea el momento de aceptarla. *No les des tiempo para pensarlo.* Así que, si quieren el crédito, tienen que aceptarlo *ahora*. Si no, no hay problema. Aún podrán pagar el precio completo más tarde.

Cómo fijar el precio de tu venta adicional renovable. Para ganar dinero con una oferta con descuento, debes obtener ganancias después de aplicar el descuento. Como prefiero obtener ganancias, intento que la oferta de venta adicional sea al menos cuatro veces superior al crédito de renovación. Así, incluso si aplico el importe total de la primera compra, el descuento *será como máximo del* 25%. Recuerda que se aplican las reglas de los descuentos. Los descuentos más grandes te reportan menos ganancias por venta, pero consiguen más ventas.

No es necesario que acredites el importe total de su primera compra. Puedes transferir tanto o tan poco de la primera compra como quieras. Yo transfiero la cantidad que creo que les incentivará a comprar la siguiente cosa. Prueba hasta encontrar el punto óptimo.

Mi «famosa» estrategia con las tarjetas de regalo. Puedes utilizar la estrategia de venta adicional renovable como oferta de atracción para clientes nuevos *y* actuales anunciando tarjetas de regalo con descuentos superiores al 90%. Por ejemplo: tarjetas de regalo de $200 por $20. Limítalas a dos por cliente y diles *que solo las pueden usar para regalárselas a otras personas.* Los clientes las compran como regalo y se las dan a sus amigos. Esto la convierte en una gran oferta para las fiestas y fechas especiales.

Cuando los clientes compren la tarjeta de regalo, pregúntales a nombre de quién la quieren y si pueden presentarte a esa persona. Luego, cuando su amigo venga, tú transfieres el valor de su tarjeta de regalo a una oferta mayor. Haz que el *valor* de la tarjeta de regalo sea el 20% del precio de lo que quieras vender a continuación. En nuestro ejemplo, vendemos una tarjeta de regalo de $200 por $20. A continuación, aplicamos esos $200 como créditos para una oferta de al menos $1.000. La gente te pagará por enviarte a sus amigos como nuevos clientes. Es estupendo. Además, obtienes algo de dinero extra de las tarjetas de regalo no utilizadas.

     69

Ejercicio n.° 14: crea tu venta adicional renovable

Elige un producto o servicio que tu cliente haya comprado recientemente. Ahora define cómo lo acreditarás para una próxima oferta más cara.

Compra anterior: _______________________________________

Importe del crédito acumulado: _______________________

Siguiente oferta (más, mejor o nueva; *intenta que sea cuatro veces el precio de la anterior*): ___________________________________

Cómo aplicarás el crédito (todo de una vez o repartido): _______________

____

Encierra con un círculo a quién se lo ofrecerás primero:

a. Clientes antiguos: campaña para «recuperar» a antiguos clientes

b. Clientes actuales

c. Clientes de la competencia: campaña para «rescatarlos»

d. Nuevos clientes

UN REGALO PARA TI: Capacitación sobre ventas adicionales renovables

Esta es la venta adicional que utilizo con más frecuencia. Tiene una elegante urgencia incorporada y genera buena voluntad. He hecho un video para ti en el que repaso parte del guion para que puedas ver cómo lo hago. Es gratis. No tienes que registrarte. Puedes verlo en <u>acquisition.com/training/money</u>. He puesto un código QR para facilitar el acceso rápido.

Conclusión de ofertas de venta adicional

Resuelve los problemas de los ricos, ellos pagan mejor.

Cada vez que ofreces *algo más*, estás realizando una venta adicional. Las ventas adicionales desempeñan un papel clave en los modelos de dinero, ya que te permiten obtener más dinero de los clientes *más rápidamente* de lo que lo obtendrías de otra manera. Y si tu oferta de atracción ya cubre los costos de captación de clientes y de entrega del producto o servicio, *obtener más dinero no está nada mal.*

Te mostré las cuatro ventas adicionales más poderosas que utilizo: la venta adicional clásica, las ventas adicionales de menú, las ventas adicionales de anclaje y las ventas adicionales de renovación. Son fundamentales para el éxito de mi negocio. Las ventas adicionales lo cambian todo. Muchas empresas pasan de quemar dinero a imprimirlo, *de la noche a la mañana.*

Pero, a veces, *la gente dice que no.* Esto nos lleva al siguiente componente de un Modelo de dinero de $100M: las ofertas de venta descendente, es decir: *qué hacer cuando dicen que no...*

Ejercicio n.° 15: elige tu venta adicional

1. Elige la oferta de venta adicional con la que comenzarás (*marca una casilla a continuación*):

    a. Venta adicional clásica ( )

    b. Venta adicional de menú ( )

    c. Venta adicional de anclaje ( )

    d. Venta adicional de renovación ( )

2. Consulta las respuestas a los ejercicios de este capítulo y comienza a implementar las ventas adicionales en tu negocio.

SECCIÓN IV:
OFERTAS DE VENTA DESCENDENTE (DOWNSELL)

Qué ofrecer cuando dicen que no.

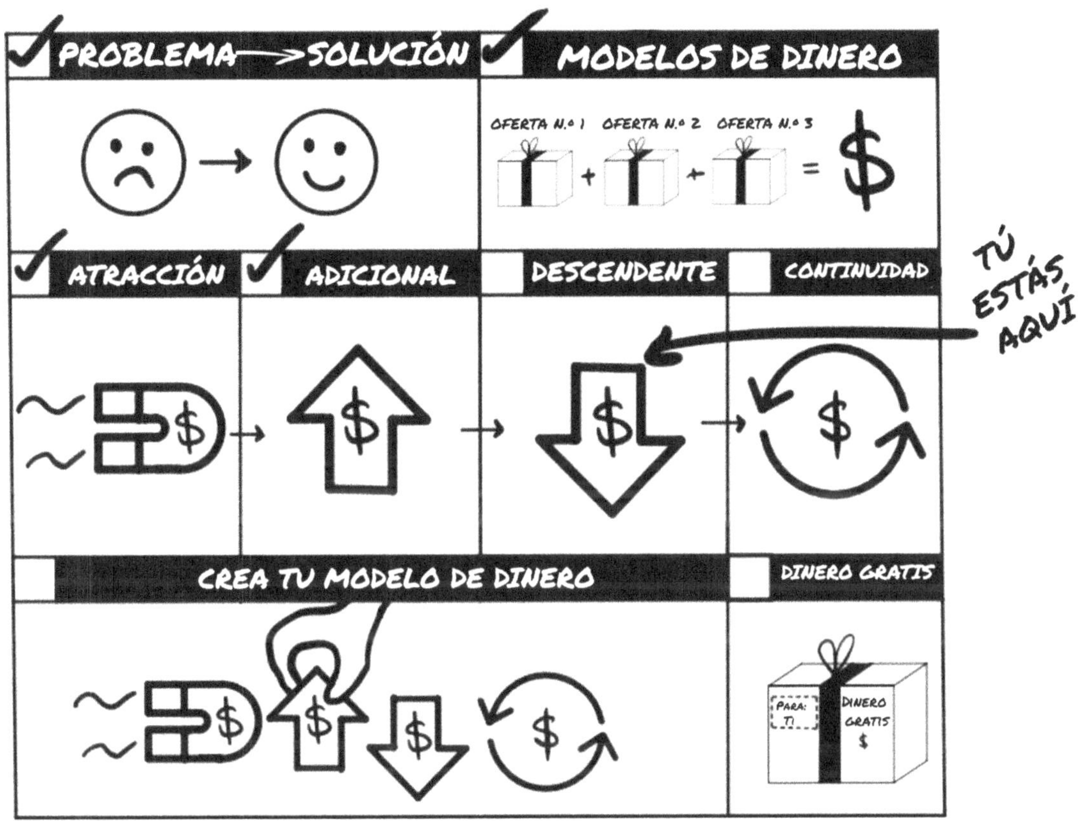

En la última sección, utilizamos las ofertas de venta adicional para que la gente comprara más cosas. Si hicimos un buen trabajo, también obtuvimos ganancias. Otro paso hacia adelante (¡o más allá!). Genial… pero ¿y si dicen que no? → *Les hacemos una venta descendente.*

La venta descendente, también conocida como *downsell* modifica la oferta original para encontrar la solución más rentable *para el presupuesto del cliente.* Por lo tanto, cualquier oferta que hagas después de que alguien diga «no» es una venta descendente.

Yo hago ofertas descendentes de dos maneras. Cambio <u>la forma de pago</u> o *lo que obtienen.* En cuanto a la forma de pago, equilibro lo que pagan ahora con lo que pagan a lo largo del tiempo. En cuanto a lo que obtienen, cambio la cantidad, la calidad u ofrezco algo diferente.

En primer lugar, repasaremos mis reglas para la oferta descendente, *que se aplican a todos mis procesos de venta descendente*. A continuación, cuando nos adentremos en las ofertas individuales, podrás ponerte manos a la obra y realizar ventas descendentes como un profesional.

Las reglas de la venta descendente

Recuerda, rechazaron *esta* oferta, no *todas* las ofertas. El hecho de que hayan rechazado *esta oferta* no significa que *te* hayan rechazado *a ti*. Es una oportunidad para descubrir lo que realmente quieren. Mantente firme y haz otra oferta. *No a esto, no significa no a todo.*

Las ventas descendentes son negociaciones. Cuando realizas una venta descendente, trabajas con el cliente para encontrar combinaciones de dar y recibir hasta que llegan a un acuerdo. *Si vas a dar algo, obtén algo a cambio.*

Personaliza, no presiones. Averigua qué les gusta y qué no les gusta. Luego, ofréceles más de lo que les gusta y menos de lo que no les gusta, *con un precio acorde.*

Ofrece lo mismo de diferentes formas. Limita las ventas descendentes a lo que tienes. Piensa en las ventas descendentes más como cien formas de ofrecer lo que ya tienes, no como 100 productos nuevos.

No bajes el precio solo para conseguir que alguien compre. En primer lugar, bajar el precio no es realmente una venta descendente, *es un descuento*. Por otro lado, *puedes* ofrecerles pagar menos *ahora* y más dinero con el tiempo, es decir: un plan de pago.

A continuación...

Yo utilizo tres procesos de venta descendente sencillos y tremendamente eficaces:

- Ventas descendentes con planes de pago *(cómo pagan)*

- Prueba con penalización *(cómo pagan)*

- Venta descendente por prestaciones *(lo que obtienen)*

Estos procesos de venta descendente aumentan aún más las ganancias en 30 días. Lo consiguen generando aún más ventas cuando los clientes habrían dicho que no. Y me encantan porque, con solo un par de ajustes, puedes adaptarlos a tu negocio y cosechar los frutos hoy mismo.

Reducciones de ventas con planes de pago

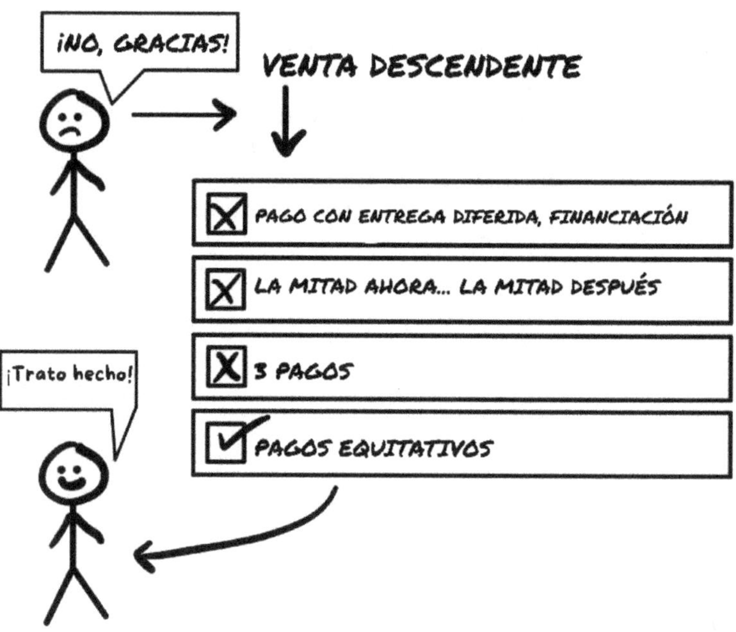

Agosto de 2013.

Era mi primer mes real en el negocio. Me quedaba apenas el monto para el alquiler de un mes en mis ahorros, necesitaba desesperadamente vender para mantener mi gimnasio a flote. Cuando una posible clienta me dijo que no podía permitirse pagar mi programa, en lugar de rendirme, le ofrecí varias opciones de pago. Al final, acordamos el pago completo el día en que cobraría su sueldo, justo antes de que venciera mi alquiler. Dos semanas después, puede cobrarle con éxito en su tarjeta, lo que supuso mi primer plan de pago exitoso y literalmente mantuvo mi negocio a flote.

***

Los planes de pago son una apuesta arriesgada porque pueden hacerte ganar dinero de una manera, *pero pueden hacerte perderlo de dos*. Te permiten ganar más dinero cuando consigues más clientes y esos clientes completan sus pagos. Te permiten ganar menos dinero cuando las personas cancelan antes de que obtengas ganancias. Cuando más pierdes es cuando las personas que habrían pagado al contado optan por un plan de pagos y cancelan antes de tiempo.

Este capítulo te ayudará a maximizar la cantidad de dinero que ganes con los planes de pago y a minimizar el dinero que pierdes. Apuesto cuando sé que voy a ganar. Con esta estrategia, tú también podrás hacerlo.

Descripción

Cuando la mayoría de la gente piensa en «venta descendente», piensa en una cantidad menor, una calidad inferior, un precio más barato, etc. Pero a mí me gusta hacer rebajas ofreciendo el mismo producto de nuevo. En lugar de ofrecer algo diferente, distribuyo el costo cobrando una parte por adelantado y dividiendo el resto en pagos programados. A esto lo llamo «venta descendente con plan de pago». Veamos cómo funciona.

Muchas personas rechazan las ofertas porque «cuestan demasiado». Sin embargo, en la mayoría de los casos, «cuesta demasiado» *realmente significa* «cuesta demasiado *por adelantado*». Por lo tanto, los planes de pago atraen a más compradores porque los clientes pagan menos en el momento. Pero también aumentan tus ganancias porque los clientes siguen pagando el precio completo a lo largo del tiempo.

Mi proceso de venta descendente con plan de pago consta de siete pasos. El proceso pasa de cobrar más por adelantado a cobrar más a lo largo del tiempo. Me detengo cuando compran. Estos son los pasos:

Paso 1) Recompenso el pago contado en lugar de penalizar el pago a plazos. Si asumo el riesgo de un plan de pago, aumento el precio. Las empresas normales lo hacen cobrando intereses, pero a nadie le gusta pagar intereses. Por eso, yo lo hago ofreciendo un descuento *si pagan el importe al contado*.

Paso 2) Ofrezco opciones de financiación a través de terceros, tarjetas de crédito y pago con entrega diferida.

Financiación a través de terceros: esto significa que otra empresa me paga ahora y el cliente tiene un plan de pago *con esa otra empresa*.

Tarjeta de crédito: solo pregunta «¿prefieres que yo decida las condiciones de pago o las decidirás tú?». Dicen que prefieren decidir ellos. Cuando lo hacen, les digo que utilicen una tarjeta de crédito. De esa manera, yo cobro hoy y ellos pueden pagar a la compañía de la tarjeta de crédito a plazos. Aprendí este increíble cambio de perspectiva de un maestro vendedor y aún me sorprende lo bien que funciona.

Pago con entrega diferida: el pago con entrega diferida significa pagar el producto *antes* de recibirlo. Los clientes pueden pagar en tantas cuotas como quieran. Pueden tardar el tiempo que sea razonable en pagar. Pero solo reciben el producto *después de haber pagado el importe total.* Esta es, *por lejos,* la opción más flexible para ellos y la que menos riesgo supone para nosotros.

Si rechazan estas opciones, paso al paso 3.

Paso 3) Ofrezco la opción de que me paguen «la mitad ahora y la mitad después». Empiezo preguntando «¿Cuándo *cobras?».* Después, pregunto «¿Quieres pagar la mitad hoy y el resto cuando cobres?». Si no pueden hacerlo, pregunto «¿Cuál es la cantidad máxima que puedes pagar hoy?». Cuando ofrecen una cantidad, digo *«Genial. Págame eso hoy y el resto cuando cobres. ¿Te parece bien?».* Me gusta programar los pagos en función de la fecha en que cobran, ya que la mayoría de la gente cobra cada dos semanas. Esto aumenta los beneficios a 30 días mucho más que los pagos mensuales.

Si no pueden pagar con ninguna de esas opciones... hago una pausa para asegurarme de que realmente lo desean.

Paso 4) Compruebo si todavía quieren el producto. Podría decir algo como*: «Entiendo. Así que ahora mismo andas justo de dinero. Una pregunta rápida. Quiero asegurarme. En una escala del 1 al 10, ¿cuánto deseas hacer esto?».* Si dicen 8 o más, sigo ofreciendo planes de pago y digo: *«Genial. No te preocupes. Vamos a encontrar la manera de que esto sea posible para ti».* Si dicen 7 o menos, pregunto: *«*¿Por qué no un 10?», y luego digo algo como*: «Tienes razón. Creo que tenemos algo que podría adaptarse mejor a tus necesidades».* A continuación, les vendo algo diferente (ventas descendentes por prestaciones, veremos esto un poco más adelante).

Paso 5) Ofrezco dividir el pago en tres cuotas. Si han respondido entre 8 y 10 en la escala, hago una oferta descendente reduciendo de la mitad a un tercio. Ofrezco una opción de pago en tres cuotas: un tercio ahora y los otros dos tercios con los dos próximos sueldos, o un tercio ahora y los otros dos en los dos próximos meses.

Paso 6) Ofrezco pagos distribuidos de manera uniforme. Si aun así no pueden pagarlo, distribuyo los pagos de manera uniforme a lo largo del resto del servicio. Si eso sigue siendo problemático, paso al paso 7.

Paso 7) Ofrezco una prueba gratuita. Yo ofrezco pruebas gratuitas de una manera especial. Por eso, he dedicado el siguiente capítulo a este tema. Pero la venta termina aquí. Al menos por ahora.

Este proceso de oferta de venta descendente con plan de pago supone hasta *nueve* ofertas diferentes. Y si crees que eso es una locura, probablemente estés ganando mucho menos dinero y atendiendo a muchos menos clientes de los que podrías.

Notas importantes

Reduce los pagos rechazados. Alinea los calendarios de pago con los calendarios de cobro de las personas. Si cobras los días en que la gente cobra su sueldo, tienes más probabilidades de que paguen.

Cómo asegurarte de que los planes de pago te reporten ganancias. Después de implementar los planes de pago, tu tasa de cierre debería aumentar. Pero, si el número de pagos al contado disminuye, ¡acabas de incluir en planes de pago a personas que habrían pagado el importe total en el momento! Por lo tanto, *lo que quieres es cerrar más ventas en general, pero con el mismo porcentaje de ventas con pago al contado.*

Ejercicio n.° 16: Crea tu escala de planes de pago

Anota el precio total de tu oferta principal. A continuación, escribe tres opciones de planes de pago que podrías utilizar.

Precio total: $___________

Opción 1: la mitad ahora, la mitad después: _____________________________

____

Opción 2: tres pagos: ____

Opción 3: plan de pagos de distribución uniforme (duración + monto):

____

Prueba con penalización

Si haces X, Y, Z, te dejaré empezar gratis.

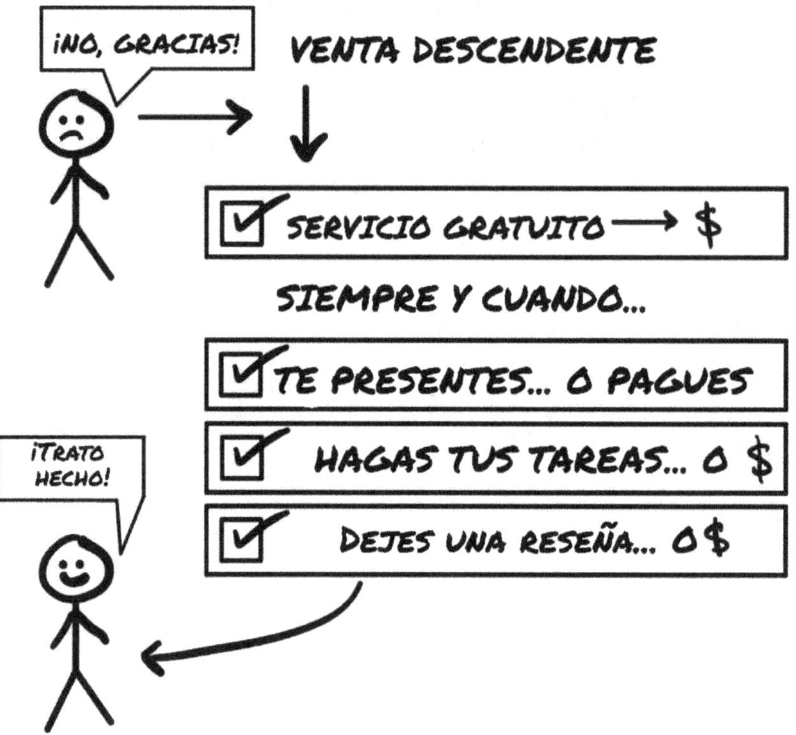

Primavera de 2018.

Gym Launch estaba creciendo rápidamente. Leila necesitaba mejores soluciones de recursos humanos y encontró una empresa con una oferta interesante. La empresa ofrecía una incorporación gratuita si Leila completaba un curso de capacitación, pero le cobraría *si se saltaba el curso*. Esta estrategia obligó a Leila a aprender su complejo software. Al final, se quedó con él porque no quería aprender a usar otro.

Descripción

En una oferta de Prueba con penalización, los clientes pueden probar tu producto o servicio de forma gratuita *siempre que cumplan tus condiciones*. Lo ideal es que las condiciones sean aquellas que hagan que los clientes sean buenos. Por lo tanto, reflejarán las acciones y los resultados utilizados en tu oferta de «Recupera tu dinero». Pero esta vez, utilizamos como incentivo para el cumplimiento *evitar el pago de tarifas* (en lugar de la devolución del dinero).

Para realizar una oferta de venta descendente de prueba con penalización, debes tener en cuenta lo que deberán hacer para evitar la tarifa y cómo se les cobrará. Normalmente, conseguirás que un grupo de personas compre tu oferta principal. Por lo tanto, ofrécela primero. Y al resto, les ofrecerás esta venta descendente.

Si solo tienes una oferta, pierdes a todos los que dicen que no. Las ventas descendentes de prueba con penalización dan a las personas otra oportunidad de decir que sí.

Cómo hacer una oferta descendente de tu oferta de prueba

Aquí tienes un gráfico que muestra cómo rebajo el precio de una prueba con penalización en cinco pasos.

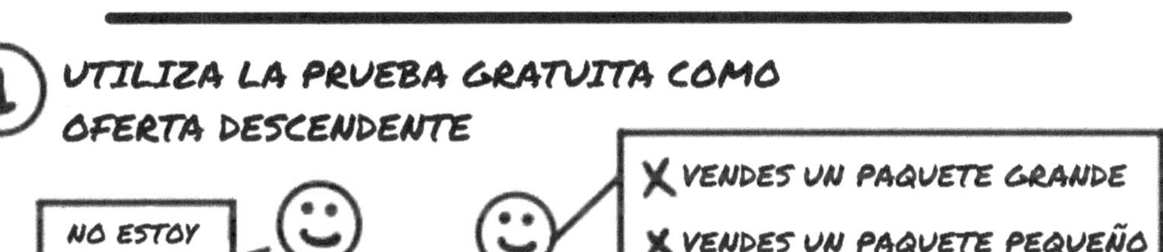

Ofrece la prueba al final. Si alguien deja claro que no quiere tu primera oferta, entonces rebaja el precio de la prueba con penalización.

Pide siempre una tarjeta de crédito. Registra su información, quédate con su identificación y pídeles su tarjeta de crédito diciendo: «¿Qué tarjeta quieres usar?». Deben dejar una tarjeta. Si se niegan, solo di: *«Así es como siempre lo hemos hecho».*

Siempre vende la permanencia y el pago. Pregunta <u>directamente</u>: *«Si este programa te da resultados, ¿te quedarás a largo plazo?».* Quieres que acepten quedarse a largo plazo si les das resultados. Si dicen que no, no tiene sentido ofrecerles una prueba. Una vez que acepten, sigue adelante.

Explica las tarifas *después* de obtener su tarjeta. Yo digo algo como: *«Nosotros haremos nuestra parte siempre y cuando tú hagas la tuya. Es justo, ¿no lo crees? Así que ahora solo te pido que apuestes por ti mismo: si te salteas una parte o te olvidas de algo, tus resultados se verán afectados. Cobramos para mantenerte en el camino correcto. Si te pierdes algo, no pasa nada. Te cobraremos una pequeña tarifa, pero eso te ayudará a volver al buen camino. Si sigues adelante, obtendrás todo esto gratis. Así que esta es la mejor manera de ayudarte a conseguir resultados increíbles y mantenerlo gratis para ti. De esta manera todos ganamos».*

Nota: Si explicas las tarifas *antes* de obtener la tarjeta, encontrarás más resistencia. Así que explícalo *después* con una actitud *de «así* es como siempre lo hacemos».

Haz que las consultas sean obligatorias. En primer lugar, explicamos *todos* los criterios para que comprendan los costos y beneficios de adherirse. Luego, llamamos la atención sobre las consultas individuales (nuestras oportunidades de venta adicional).

Cómo consigo ventas adicionales a partir de una prueba. Cuando alguien prueba un producto o servicio, pueden ocurrir tres cosas: que le guste, que no le guste o que no lo utilice. A continuación, explico cómo realizo ventas adicionales en cada uno de estos casos.

1) <u>Si le gusta</u>: este es el caso más fácil. Ya tienes configurada la facturación automática. ¡Genial! Reúnete con la persona de todos modos. Aún puedes ofrecerle una versión de tu servicio con mayor duración o de mayor valor (o ambas cosas). Los clientes exitosos tienden a obtener aún más valor de tu oferta premium (y más rentabilidad).

2) <u>Si no le gusta</u>: *Haz que esa cara triste se transforme en una sonrisa.* Pregúntale qué le hubiera gustado que fuera diferente. Dile que tiene toda la razón y que estás enojado contigo mismo por no haberlo visto. *No lo culpes.* Solo una persona puede estar molesta en esa conversación, y esa persona debes ser tú. Pregúntale si te dará la oportunidad de compensarlo, debido a lo indignado que estás por su experiencia. Y ahora que entiendes mejor lo que necesita, explícale que en realidad encaja mejor con tu oferta de nivel superior. Entonces, le ofreces ese producto. Sí, se trata de una venta. Puedo conseguir que aproximadamente la mitad de estas personas compren.

3) <u>Si no lo utilizó</u>, *ponte en contacto con la persona varias veces antes de llegar a este punto.* Explícale que necesitas reunirte con ella. Ofrécele eximirle del pago si lo hace. Ahora puedes intentar que vuelva a encaminarse u ofrecerle algo mejor. Personalmente, no me gusta cobrarle a los que no cumplen. Una pequeña cuota no vale una reseña de 1 estrella. Pero bueno, es tu elección.

 83

Lo que obtienen gratis y lo que tienen que hacer para evitar la penalización. Necesitas definir claramente tus *términos del servicio*. Las partes valiosas de la prueba serán tu oferta básica (como la oferta señuelo) *o* tu oferta de «recupera tu dinero». Cualquiera de las dos funciona. Mi recomendación: da más, no menos, siempre que puedas permitírtelo. Los criterios deben activar y retener al cliente.

Tarifas por incumplimiento frente a tarifa única. Supongamos que tienes un producto de $500 con diez acciones que deben completar. Prefiero cobrar $50 por cada incumplimiento que una tarifa de $500 por el primer incumplimiento. Ahora bien, si fallar una sola vez realmente arruinaría el resultado del cliente, entonces la penalidad debería reflejar eso. Según mi experiencia, ambas opciones funcionan.

Deja que las personas compensen sus errores. La gente suele desanimarse después de que se les cobra una penalidad. Pero puedes ofrecerles la oportunidad de «compensarlo». Esto funciona muy bien para que la gente vuelva a encaminarse y se convierta en cliente. Si vuelven a fallar, entonces sí, estás totalmente justificado para cobrarles.

«Paga menos ahora o paga más después» **frente a prueba con penalización**. Yo utilizo «Paga menos ahora o pagar más después» como estrategia de venta descendente para productos físicos o servicios puntuales. Y utilizo prueba con penalización como estrategia de venta descendente para productos o servicios recurrentes.

Los descuentos facilitan el registro de tarjetas. A algunas personas les resulta incómodo que les ofrezcas algo gratis y, al mismo tiempo, les pidas una tarjeta. Pero un precio muy bajo justifica pedirla. Además, un monto pequeño aumenta las probabilidades de que la tarjeta funcione cuando empiecen los cobros automáticos. Por eso, en lugar de un mes gratis, puedes ofrecer:

"Primer mes por $1" y luego $X por mes de forma recurrente.

Ejercicio n.° 17: Crea tu prueba gratuita con penalización

1. Anota el precio total/penalización si no hacen lo que se supone que deben hacer: $______________________

2. Define los términos de tu prueba:

    a. Acción que deben realizar n.° 1: ________________________________

        i. Precio/penalización si no lo hacen: $__________________________

    b. Acción que deben realizar n.° 2: ________________________________

        i. Precio/penalización si no lo hacen: $__________________________

    c. Acción que deben realizar n.° 3: ________________________________

        i. Precio/penalización si no lo hacen: $__________________________

    d. Reunión a la que deben asistir n.° 1: ____________________________

        i. Precio/penalización si no lo hacen: $__________________________

    e. Reunión a la que deben asistir n.° 2: ____________________________

        i. Precio/penalización si no lo hacen: $__________________________

    f. Reunión a la que deben asistir n.° 3: ____________________________

        i. Precio/penalización si no lo hacen: $__________________________

UN REGALO PARA TI: Capacitación de prueba gratuita

No todas las empresas pueden ofrecer pruebas gratuitas. Pero si tú puedes, es una estrategia de venta muy eficaz. Obviamente, hay formas correctas e incorrectas de hacerlo y empresas adecuadas e inadecuadas para ello. He creado un video gratuito para ti en el que trato este capítulo y todos los detalles que he podido incluir. Puedes verlo en acquisition.com/training/money. Puedes escanear el código QR para que acceder a él de forma rápida y sencilla.

Ofertas descendentes por prestaciones

¿Por qué no probamos esto en su lugar?

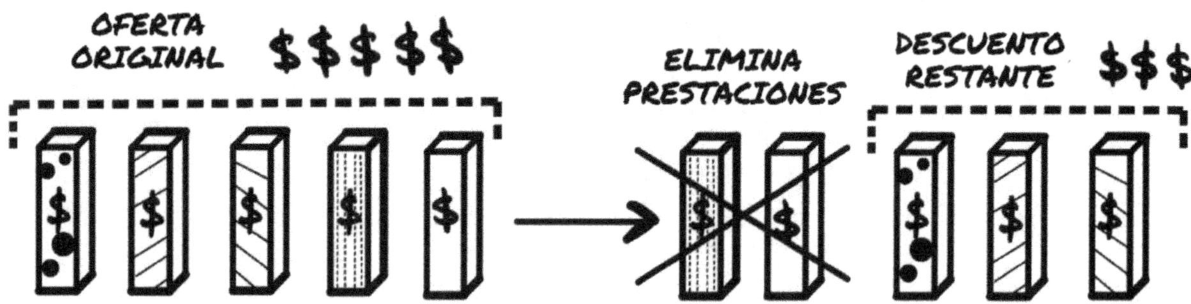

No recuerdo exactamente cuándo durante el 2019.

Un amigo empresario me mostró una nueva venta descendente que triplicó su tasa de cierre, pasando del 25% al 75%, sin usar planes de pago ni descuentos tradicionales. Lo que hizo fue ofrecer un precio más bajo eliminando la garantía de devolución del dinero que solía ofrecer. Es decir, trató la garantía como si fuera una prestación más, algo que podía agregarse o quitarse, con un valor económico asociado. Esta venta descendente no solo aumentó sus ventas totales, sino que también incrementó los pagos al contado. En el momento en que los clientes entendían que perderían la garantía, se daban cuenta de que en realidad la querían más de lo que pensaban.

Los resultados fueron contundentes: de cada 100 prospectos, 35 compraban ahora el producto principal (frente a los 25 anteriores) y otros 40 elegían la opción de venta descendente (sin garantía), que antes no existía.

Descripción

Las ofertas descendentes por prestaciones reducen los precios cambiando lo que obtienen los clientes. Las realizo ofreciendo alternativas de menor cantidad, menor calidad y menor precio, o eliminando componentes opcionales.

Todas las prestaciones tienen un precio y un valor. Si eliminas algo, el precio baja, claro. Pero el valor también disminuye. Las prestaciones que eliminas y cuánto bajas el precio afectan a lo buena que es la oferta para la persona. Este cambio en la relación precio-valor de tu oferta afecta a la forma en que la gente compra. Las personas querrán obtener la *mejor oferta para ellos.*

Por ejemplo, si eliminas cosas que no les gustan y bajas mucho el precio, obtienen una *mejor oferta*. Si eliminas cosas que les gustan y bajas un poco el precio, obtienen una *oferta peor*. Ambas opciones hacen que la gente compre. En la historia, a los clientes les encantaba la garantía. *La garantía tenía mucho más valor que su precio.* Así que, aunque al principio dijeran que no, eliminar la garantía demostró al instante su valor. Los clientes vieron la oferta de mayor precio como una *mejor oferta*. Por lo tanto, después de ver la opción de venta descendente, compraron la primera oferta.

Las personas verán el valor de lo que has eliminado *después de ver la diferencia de precio*. Es decir, las personas sopesan cuánto dinero ahorran frente a cuánto valor pierden. Por lo tanto, una venta descendente inteligente hace que los clientes se vuelvan a «vender a sí mismos» las ofertas más caras. Esto significa que debes *eliminar las prestaciones de mayor a menor valor*. Dado que las personas quieren obtener más valor por su dinero, esto incentiva a los clientes a realizar la compra de mayor valor para ellos.

Las ventas descendentes por prestaciones tienen una fórmula sencilla: eliminar algo, bajar el precio y, en pocas palabras, preguntar «¿Qué te parece ahora?»

Ejemplos de venta descendente por prestaciones

Venta descendente en la calidad del producto. Piensa en versiones más antiguas, materiales menos resistentes, materiales de menor estatus social, etc.

Reducción de la calidad del producto: *en lugar de los asientos de cuero, podemos ofrecerte asientos de cuero ecológico, ¿qué te parece?*

Venta descendente de la calidad del servicio. Esto significa muchas cosas. Te daré algunas ideas sobre cómo cambiar la calidad de los servicios. Pista: esto también funciona para *aumentar* la calidad del servicio.

Reducción de la calidad del servicio: *en lugar de un tiempo de respuesta de 5 minutos, ¿por qué no empezamos con un tiempo de respuesta de un día? Ahorrarás dinero y seguirás obteniendo respuestas, solo que con un pequeño retraso.*

Más ejemplos de disminución de la calidad del servicio:

- Disponibilidad horaria: en horarios específicos vs. cuando tú quieras.
  - Días de la semana: lunes/miércoles/viernes vs. todos los días
  - Horas del día: de 9 a 5 vs. 24 horas

   87

- o Duración: llamadas de asistencia de 15 minutos frente a llamadas de asistencia de 60 minutos

- Disponibilidad de ubicación: una ubicación vs. todas las ubicaciones que tenemos

- Cancelaciones: Tarifas por cambio de fecha vs. gratuitas

- Velocidad de respuesta: respuesta en minutos vs. horas vs. días, etc.

- Velocidad de entrega: esperar en fila vs. prioridad, el mismo día/día siguiente vs. la semana siguiente, etc.

- Relación de servicio: uno a uno vs. uno a muchos vs. muchos a uno.

- Método de comunicación: asistencia por mensaje de texto vs. asistencia por chat vs. asistencia por videollamada, etc.

- Calificación del proveedor: propietario vs. empleado con mucha antigüedad vs. empleado nuevo, etc.

- En vivo vs. grabado: verlo mientras ocurre vs. verlo *después de* que haya ocurrido.

- Presencial vs. remoto: verlo donde ocurre vs. verlo en otro lugar.

- Forma de hacerlo: Hazlo tú mismo vs. lo hago contigo vs. lo hago por ti.

- Caducidad: funciona para siempre vs. funciona durante X tiempo vs. funciona en momentos específicos

- Personalización: genérico vs. hecho a medida para ti

- Seguro/garantía:

  - o Duración: por un año vs. de por vida

  - o Cobertura: si ocurre algo malo específico vs. si ocurre cualquier cosa mala

  - o Condiciones: incondicional vs. solo si haces XYZ

Venta descendente eliminando prestaciones completas. En lugar de reducir la cantidad o la calidad, eliminas la prestación en sí. En la historia anterior, él eliminó una garantía.

Venta descendente eliminando prestaciones completas: *en lugar de ofrecer asistencia prioritaria por chat, correo electrónico y llamadas, ¿por qué no mantenemos solo la asistencia por chat y correo electrónico y eliminamos las llamadas para ahorrarte algo de dinero? Seguirás obteniendo respuestas, solo que nosotros ahorraremos tiempo y podremos trasladarte ese ahorro a ti.*

Venta descendente de prestaciones: <u>de «hecho para ti» a «hazlo tú mismo».</u> Si alguien rechaza todas tus ofertas descendentes del servicio, puedes hacer una venta descendente de otro producto que resuelva el mismo problema.

<u>Venta descendente de productos: de «hecho para ti» a «hazlo tú mismo»</u>:

- Quiropráctico: *En lugar de ajustes quiroprácticos, ¿qué tal si empezamos con algunas herramientas que puedes usar para hacerlo tú mismo en casa?* A continuación, venderías masajeadores para el hogar, rodillos de espuma, colchonetas, etc.

- Pintor: *Si no puedes permitirte un pintor para que pinte tu casa, ¿qué te parece si te doy la pintura y te alquilo una de nuestras máquinas pulverizadoras por una tarifa diaria?*

- Alex Hormozi: *En lugar de que mi equipo y yo compremos tu empresa y hagamos crecer activamente tu negocio, ¿por qué no asistes a un taller?* (*Ejem* Visita acquisition.com)

Notas importantes

Recuerda, nunca negocies el precio. No permitas que nadie pague menos *solo porque sí.*

Mantén la actitud de guía servicial. Recuerda que la venta descendente por prestaciones significa tratar de encontrar *la mejor oferta para ellos.*

Modifica tu proceso de venta descendente por prestaciones. Nuestra tarea consiste en hacer que el producto tenga la mejor relación calidad-precio *a los ojos del cliente.* Sin embargo, al principio, no sabrás mucho sobre las preferencias de tus clientes. Por lo tanto, a medida que resuelvas los mismos problemas para el mismo tipo de clientes, aprenderás qué es lo que más valoran.

Cómo estandarizo mi proceso de venta descendente. En primer lugar, elimino algo valioso y bajo *un poco* el precio. Lo hago para que reconsideren la oferta o el precio original. Si eso falla, sigo eliminando prestaciones y bajando precios hasta que compren. Prefiero que la gente obtenga *algo* antes que nada.

Ponle nombre a tus combinaciones de prestaciones. Ponle a la combinación más cara un nombre que tu cliente considere ambicioso, como «El paquete premium», «Transformación total», «La gran apuesta», etc. Fíjate en las aerolíneas. Crea tu propia versión de Primera Clase → Business → Turista.

Yo llamo a mi combinación más barata «El paquete mínimo». Me gusta porque implica que tienen que comprar *al menos* eso. Si alguien rechaza todos los demás paquetes, simplemente digo: «¿Entonces nada más que el paquete mínimo?». Para que digan no para decir sí (como en la venta adicional clásica).

Después de cada oferta descendente, pregunta: «¿Trato hecho?» o «¿Te parece justo?» Esto funciona *sorprendentemente* bien. Poca gente ve que cambias la oferta para ayudarlos y luego dice: "No, eso no es justo". Escucha cómo presento las ventas descendentes con prestaciones en el episodio 202 de mi podcast The Game, "How to close everyone: downselling like a pro" (Cómo cerrar con todo el mundo: ventas descendentes como un profesional).

Las orientaciones gratuitas impulsan las ventas descendentes de prestaciones «hazlo tú mismo». Una vez que alguien ha rechazado todas mis ofertas «Hecho para ti», le pregunto: *«Aunque no vamos a trabajar juntos en X, sigo queriendo ayudarte. ¿Qué tal si vienes mañana a una orientación gratuita sobre X?».* Al final de la orientación, ofrezco un producto en la modalidad «hazlo tú mismo» que resuelve el mismo problema que el servicio «Hecho para ti».

Vende tus garantías. Si ya tienes una garantía, haz que eliminarla forme parte de tu proceso de venta. La gente valora la seguridad, por lo que eliminarla hace que muchos se den cuenta de su valor. Esto suele convertir un «no» inicial en un «sí».

Haz una oferta descendente por prestaciones a tus clientes actuales. Los clientes que utilizan todas las prestaciones por las que pagan siguen pagando durante más tiempo que los que no lo hacen. Por lo tanto, cuando veas que un cliente no utiliza una prestación, ofrécele un precio más bajo, pagando solo por las prestaciones que usa. Podría decirte que quiere conservarla ya que es posible que vuelva a utilizarla, o de lo contrario, estará contento de que le hayas ofrecido una *oferta mejor.*

Haz un intercambio con reseñas, testimonios y referencias. El trueque es la forma más antigua de comercio. Si me plantean una objeción sobre el precio, a veces ofrezco descuentos a cambio de publicidad. Por ejemplo: *«Te haré un descuento de $100 si: 1) me dejas una reseña en todos los sitios de reseñas; 2) dejas un testimonio en video; 3) haces una publicación pública en redes sociales al principio, a mitad y al final de nuestro programa mostrando tu progreso; 4) me presentas a dos amigos con los que te gustaría hacer esto. ¿Trato* *hecho?».* Para mí, la publicidad vale más que el descuento de $100. Para ellos, los $100 valen menos que la publicidad. Todos ganamos.

Ejercicio n.° 18: Crea tus ofertas descendentes por características

1. Oferta descendente n.° 1 (algo valioso que desean): __________________

    ____

    a. Descuento aplicado (pequeño): $______________________________

2. Oferta descendente n.° 2 (algo que valoren *menos*): __________________

    ____

    a. Descuento aplicado (medio): $______________________________

3. Oferta descendente n.° 3 (algo que valoren *menos*): __________________

    ____

    a. Descuento aplicado (medio): $______________________________

4. Oferta descendente n.° 4 (algo que valoren *menos*): __________________

    ____

    a. Descuento aplicado (grande): $______________________________

UN REGALO PARA TI: Capacitación sobre ofertas descendentes por prestaciones [sin necesidad de suscribirse]

Comprender las prestaciones de los servicios y productos te da una gran ventaja. Te puede ayudar a que tus productos sean muy rentables y sigan siendo atractivos para el cliente. Este es uno de mis temas favoritos y he preparado una capacitación adicional que lo trata. Puedes verla, como siempre, en acquisition.com/training/money. Aquí tienes el código QR para que puedas acceder a ella de forma rápida y sencilla.

Conclusión de ofertas descendentes (downsell)

Todo el mundo termina comprando algo.

Las ofertas descendentes te dan otra oportunidad de conseguir un cliente al convertir *los «no»* en *«sí»*. Por esa razón, no se trata tanto de tener cien productos diferentes con la misma oferta, sino más bien de <u>tener cien ofertas diferentes para el mismo producto</u>. Pero, pase lo que pase, la oferta *nunca* debe ser *lo mismo por menos dinero*. Simplemente seguimos ajustando la oferta hasta convertirla en *la mejor oferta para ellos*. Ese dinero extra disparará nuestras ganancias de 30 días y nos permitirá superar nuestras metas.

Así que hemos utilizado ofertas de atracción para que los clientes *compren una vez*. Hemos utilizado ventas adicionales para que compren lo siguiente. Y ahora te he mostrado mis tres procesos de venta descendente más poderosos *en caso de que digan que no*: ventas descendentes con plan de pago, de prueba con penalización y ventas descendentes por prestaciones.

A continuación, tenemos la etapa final de un *Modelo de dinero de $100M*: las ofertas de continuidad, es decir, *cómo conseguir que sigan comprando para siempre*.

Ejercicio n.° 19: elige tus ofertas de venta descendente

Elige las ofertas de venta descendente que empezarás a utilizar para conseguir que más personas digan que sí. Consulta las respuestas de los ejercicios de esta sección y empieza a utilizar tus ventas descendentes. Marca todas las que pienses utilizar:

a. Ofertas descendentes con planes de pago ( )

b. Prueba con penalización ( )

c. Ofertas descendentes por prestaciones ( )

SECCIÓN V: OFERTAS DE CONTINUIDAD

Puedes esquilar una oveja toda la vida, pero solo puedes despellejarla una vez. - John, uno de mis primeros mentores

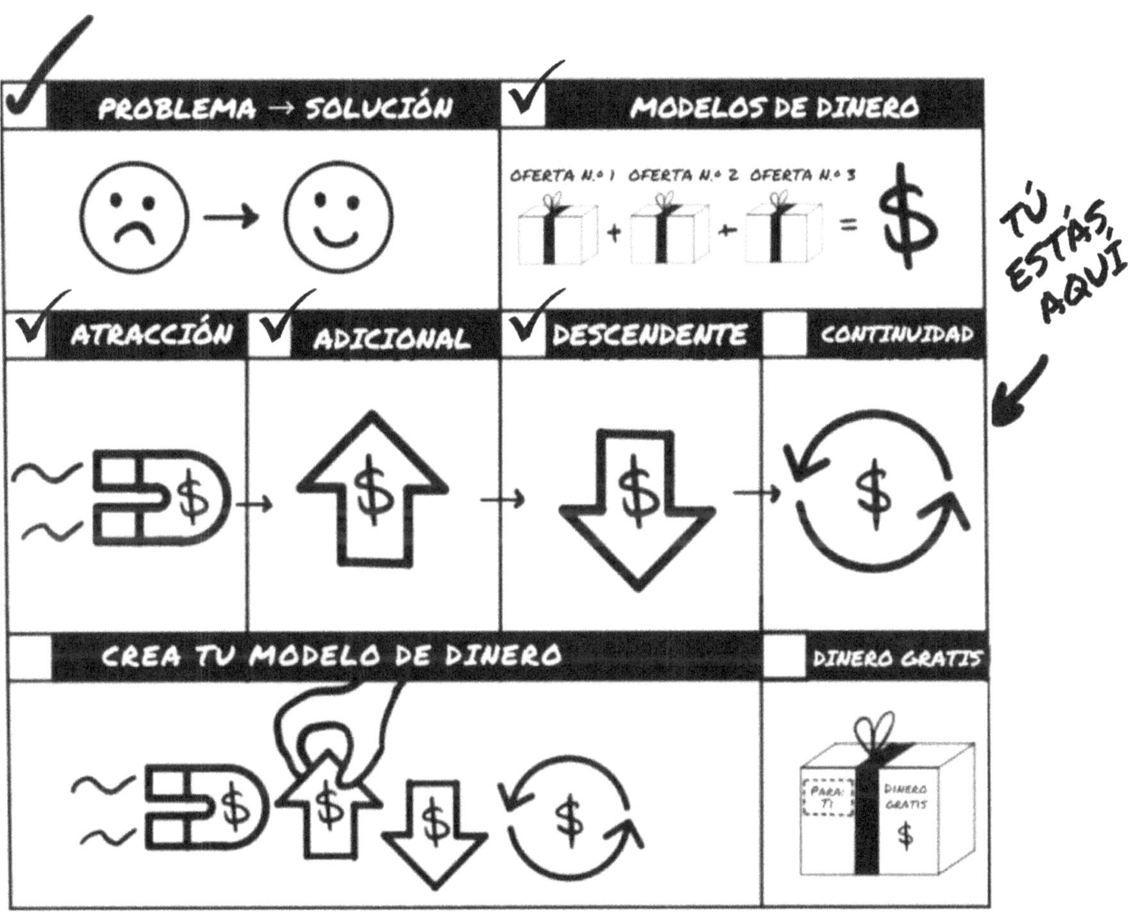

Cuando haces bien la continuidad, consigues más clientes *y* ganas más dinero con ellos. Las ofertas de continuidad *proporcionan un valor constante por el que los clientes realizan pagos recurrentes, hasta que cancelan.* Incrementan las ganancias por cada cliente y te ofrecen otra oportunidad de vender. Las ofertas de continuidad son fantásticas porque vendes una sola vez, pero cobras una y otra vez.

Déjame explicarte.

Supongamos que ofreces un artículo de $1.000 a 100 personas y 10 lo compran: ganas $10.000 (10 x $1.000).

Ahora, supongamos que hablas con las mismas 100 personas, pero haces que tu producto de $1.000 cueste $50 al mes. A $50, podemos conseguir que 40 de las 100 compren. Y, si mantienes a esas personas durante veinte meses, *seguirás ganando $1.000 por cada cliente.* Pasas de ganar $10.000 ahora y $0 con el tiempo a ganar $2.000 ahora y $40.000 con el tiempo.

Como ventaja adicional, en el primer ejemplo, si solo vendieras a 10 clientes, solo tendrías 10 clientes a los que ofrecerles ventas adicionales más adelante. Si utilizaras una oferta de continuidad y le vendieras a 40 clientes, tendrías cuatro veces más clientes a los que venderles más adelante. Una diferencia enorme.

Esto ilustra las ventajas y desventajas de la continuidad. Puedes atraer a más clientes en comparación con algo más caro, pero ganas *mucho* menos dinero *ahora*. Eso hace que sea difícil utilizarlo como oferta de atracción *por sí sola*. Incluso si tienes más potencial de ganar dinero mañana, las ofertas de atracción de continuidad te dejan sin dinero hoy.

Al hacer que las ofertas de continuidad *duren*, obtenemos lo mejor de ambos mundos. Obtenemos dinero en efectivo hoy gracias a las ofertas de atracción, las ofertas de venta adicional y las ofertas de venta descendente. Obtenemos un poco de dinero en efectivo hoy y mucho dinero en efectivo mañana gracias a las ofertas de continuidad.

Para que quede claro: puedes hacer ofertas de continuidad donde y como quieras. Pueden atraer a nuevos clientes, permiten realizar ventas adicionales y descendentes a los clientes actuales o volver a atraer a antiguos clientes.

Además, solo *algunas* cosas tienen sentido para una oferta de continuidad. No tiene sentido que alguien pague por un taller de un día... para siempre. Lo lógico es que paguen hasta cubrir el costo, y eso lo convierte en un plan de pago. Al mismo tiempo, probablemente sea un error ofrecer un precio único (aunque sea elevado) por un servicio para siempre. Si tus clientes obtienen un valor continuo, probablemente tenga sentido que realicen pagos continuos.

Las tres ofertas de continuidad

Todas las ofertas dependen de que los clientes compren. Sin embargo, las ofertas de continuidad dependen de que los clientes sigan comprando. Consigo que hagan ambas cosas combinando bonificaciones, descuentos y tarifas.

- Continuidad: ofertas de bonificaciones

- Continuidad: ofertas de descuento

- Oferta de exención de tarifas

Ahora que ya hemos cubierto esto, no puedes conseguir que los clientes se adhieran a tu oferta de continuidad a menos que hayan comenzado... así que empecemos por ahí.

Ofertas de bonificaciones por continuidad

Si te gusta esto, te encantará lo que tengo para ti a continuación...

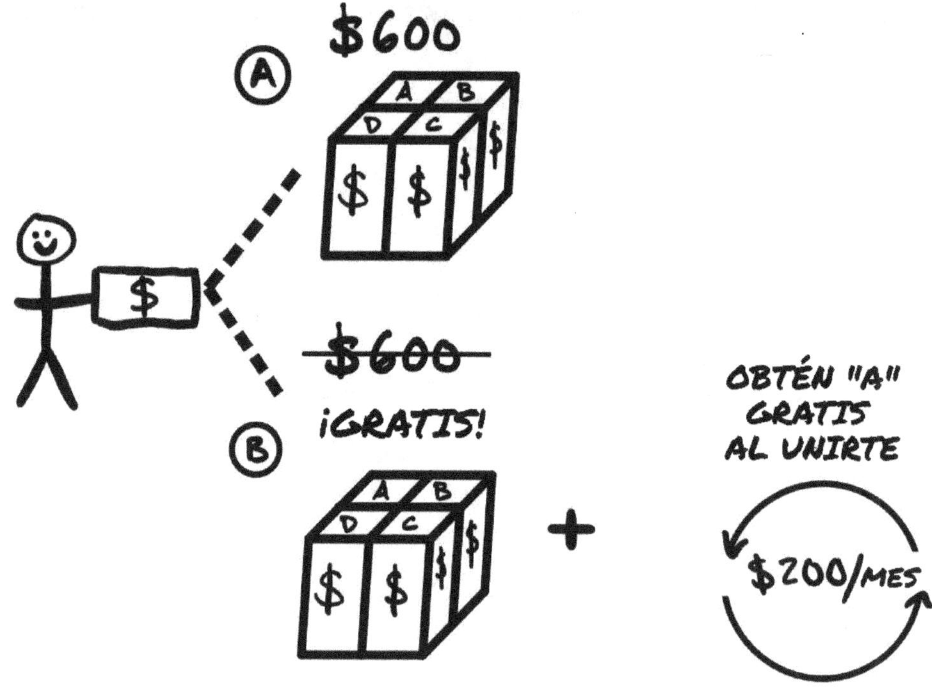

Otoño de 2019. Cuando descubrí que las bonificaciones conseguían que más personas se unieran a los programas de continuidad...

El dueño de un gimnasio vino a verme presumiendo de sus enormes cifras. Había modificado mi oferta estándar del desafío de seis semanas de «Recupera tu dinero». En lugar de venderla directamente, la ofrecía de dos formas: como una oferta independiente y, por separado, como un regalo gratuito al inscribirse, junto con la membresía. Ese simple ajuste *triplicó* sus ventas de membresías, manteniendo al mismo tiempo los pagos en efectivo por adelantado, ya que algunas personas seguían comprando la oferta independiente.

Más adelante, descubrió una forma de obtener aún más efectivo ofreciendo una venta adicional, vendiendo a los nuevos socios una membresía prepaga de seis meses con descuento durante las primeras semanas. Este ingenioso ajuste transformó su gimnasio y se convirtió en un elemento fundamental dentro de mis modelos de dinero.

Descripción

Con las bonificaciones por continuidad, ofreces al cliente algo increíble *si* se inscribe hoy. Por lo general, la bonificación en sí tiene más valor que el primer pago de continuidad. Eso es todo.

Bonificación: añadir valor. En el caso de los productos, puedes regalar muchas cosas pequeñas o un producto grande que complemente la suscripción. En el caso de los servicios, puedes regalar un programa definido, una incorporación, una configuración o una prestación que añada valor.

Descuento: reducir costos. Recuerda que todo lo que ofreces de forma gratuita también lo puedes ofrecer como descuento. Tanto las cosas gratuitas como los descuentos influyen en nuestra forma de tomar decisiones. Por lo tanto, queremos hacer *ambas cosas* para obtener los beneficios de ambas.

Cuando hago ofertas de continuidad, consigo que más personas *se inicien* si agrego más cosas buenas (bonificaciones) y elimino las malas (descuentos). Y, por supuesto, todo funciona mejor con un toque de urgencia*:* si se unen *ahora*. Además, puedes ofrecer la bonificación como una compra independiente o hacer que *solo* esté disponible si compran tu oferta de continuidad. Cualquiera de las dos opciones funciona.

Por sí solas, las ofertas de continuidad generan menos efectivo *ahora*, lo que dificulta obtener clientes de forma rentable. Pero tal y como las utilizo, aún podemos alcanzar nuestras metas de ganancias a 30 días. Así es como lo hago: primero, realizo todas mis ofertas de gran rentabilidad, como las de atracción, ventas adicionales y ventas descendentes. Luego, las ofertas de continuidad obtienen un poco de dinero en efectivo de los pagos del primer mes. Después, ofrezco a las personas que compraron un mes un descuento por pagar por adelantado más meses. Esto aumenta aún más las ganancias a 30 días, lo que me proporciona más dinero para publicitar *y* acumula ingresos recurrentes. No está nada mal.

Ejemplos de cómo conseguir que la gente contrate la continuidad

Producto físico: oferta de continuidad de comida para mascotas

Bonificación única: Obtén gratis todos los juguetes para perros que hemos fabricado, por un valor de $800, al suscribirte al envío mensual de comida para perros por $59 al mes.

Bonificaciones mensuales: Como miembro, recibirás un nuevo juguete para tu perro cada mes.

     97

<u>Servicio: oferta aceleradora de resultados a corto plazo</u>

Bonificación única: «La aceleración a corto plazo cuesta $1.000 por sí sola. Consíguela gratis al hacerte miembro por $100 al mes.

Paquete de bonificaciones: Los miembros VIP disfrutarán de acceso prioritario a nuestros eventos, más horas de asistencia, mejores representantes de asistencia, etc.

<u>Oferta de productos digitales</u>

Bonificación única: Obtén mis 40 boletines informativos anteriores, valorados en $15.880, haciéndote miembro hoy por solo $399 al mes después de una prueba gratuita de 30 días.

Descuento de por vida + bonificaciones de por vida: si pagas hoy, puedes asegurarte un descuento de por vida de $299 al mes. Además, obtendrás acceso digital anticipado *y* una copia física cada mes.

Nota: Utiliza los elementos del capítulo «Oferta descendente por prestaciones» para crear mejores bonificaciones.

Notas importantes

Céntrate en la bonificación, no en la suscripción. «Únete a mi programa de suscripción» no es tan atractivo como «consigue esto gratis». Así que anuncia eso. Luego, explica el resto cuando muestren interés.

Las bonificaciones funcionan de manera similar a las ventas adicionales.

Más de lo mismo: al hacerte miembro, obtienes dos años de boletines informativos anteriores de forma gratuita.

Complementario: obtienes servicios de nutrición gratis al inscribirte en nuestra membresía de fitness.

Mejora: obtienes una membresía de oro gratis al comprar una membresía de plata (disponibilidad limitada).

Mantén tus bonificaciones relacionadas con tu oferta principal. Si la bonificación es demasiado diferente, *atraerás a los clientes equivocados.* Por ejemplo, no anuncies una camiseta gratis para vender servicios tecnológicos. Sin embargo, anunciar una camiseta gratis para vender impresión de camisetas tiene sentido.

Convierte en bonificaciones cosas que ya tienes y haces. Por ejemplo, los boletines informativos de los últimos dos años no requieren tiempo adicional, pero tienen un valor muy alto. Y la incorporación es algo que tienes que hacer con el cliente de todos modos, así que también podrías ponerle un precio y ofrecérselo como bonificación. Si tú lo valoras, ellos también lo harán.

Bonificaciones físicas en productos digitales y bonificaciones digitales en productos físicos. Si tienes una suscripción digital, podrías ofrecer una gorra, una camiseta o una herramienta, etc., relacionada con la oferta. Si tienes un producto o servicio físico, como una suscripción a un gimnasio de boxeo, ofrecer clases en directo por streaming puede atraer a más gente a inscribirse. Esta estrategia suele reducir el costo de conseguir un cliente, ya que habitualmente será más caro que el costo de la bonificación.

Puedes ofrecer bonificaciones gratuitas como descuentos y descuentos como bonificaciones gratuitas.

Bonificación gratuita: ¡Hazte miembro por $200 y obtendrás este programa de $1.000 como bonificación gratuita!

Gran descuento: Obtén el programa de $1.000 por $1 si te inscribes como miembro por $200.

Cuando hagas tu oferta de continuidad, destaca las bonificaciones. Primero, véndeles las ventajas de la increíble bonificación. No tu oferta de continuidad, *sino* la bonificación. Luego, usa tu bonificación de alto valor como ancla. Es posible que se sorprendan, y *eso está bien.* Porque entonces les preguntas: «¿Quieres saber cómo puedes conseguir esto gratis?». Si responden que sí, explícales cómo: *«Hazte miembro VIP hoy mismo y lo obtendrás todo como regalo por unirte. O bien, puedes comprarlo por XXX dólares, ¿qué prefieres?».*

Más bonificaciones atraen a más gente. Después de preguntarles si quieren saber cómo conseguirlo gratis, diles que pueden obtenerlo si se unen. A continuación di: *«Además,* cuando te hagas miembro, obtendrás... cosa increíble n.º 1, cosa increíble nº. 2, cosa increíble nº. 3». *Menciona el valor individual en dólares de cada una para reforzar su valor.* Acumular bonificaciones de esta manera hará que aún más personas se unan a tu oferta de continuidad.

Haz que las bonificaciones solo estén disponibles para quienes se unan. Si deseas que todos se unan a tu oferta de continuidad, ofrece la continuidad como única opción. En otras palabras, haz que las bonificaciones *solo estén disponibles* si se inscriben en la membresía.

Precio por continuidad vs. pago inicial en efectivo. Por alguna razón, algunas personas prefieren los pagos únicos a la continuidad, *incluso si los pagos únicos son más* *elevados.* Por lo tanto, ofrece una opción de pago único más elevada. De esta manera, algunos clientes te reportarán más ingresos *hoy*, mientras que otros acumularán ingresos recurrentes para *el futuro. Cuanto menor sea el precio de la oferta de pago único en comparación con el precio de continuidad, más gente comprará la oferta de pago único. Cuanto mayor sea el precio de la oferta de pago único en comparación con el precio de continuidad, más gente elegirá la continuidad.*

Si quieres obtener aún más dinero en efectivo, ofrece descuentos por compras prepagas al por mayor. Las ventas adicionales por continuidad al por mayor aumentan considerablemente las ganancias a 30 días. Supongamos que ofreces «compra cinco meses y obtén uno gratis». ¡Solo *una de cada ocho personas* tiene que aceptar la venta adicional para aumentar las ganancias a 30 días en un 50%!

Si quieres más compromiso. Puedes combinar una bonificación con un compromiso. Por ejemplo, solo permite que los clientes obtengan la bonificación si se unen y se comprometen a permanecer 3, 6, 12 o más meses. De esta manera, conseguirás que más personas se comprometan a largo plazo, pero menos personas aceptarán la oferta, al menos en comparación con ofrecer la bonificación a todo el mundo. Al principio, mantenlo simple. Solo ofrece bonificaciones como ofertas independientes y continuidad mes a mes, sin complicaciones.

Ejercicio n.° 20: Crea tu bonificación por continuidad

1. Anota el precio de tu «programa único» (que ofrecerás como <u>bonificación gratuita</u>): $____________________

    a. Bonificación n.° 1 (*más*): ____________________________________

    b. Bonificación n.° 2 (*mejor*): ______________________________

    c. Bonificación n.° 3 (*diferente*): __________________________

    d. Bonificación n.° 4: ____

    e. Garantía: ____

2. Anota tu precio de continuidad (debe ser entre $\frac{1}{3}$ y $\frac{1}{5}$ del precio de la bonificación: $__________________

    a. Bonificación exclusiva para miembros n.° 1: __________________

    ____

    b. Bonificación exclusiva para miembros n.° 2: __________________

    ____

    c. Bonificación exclusiva para miembros n.° 3: __________________

    ____

3. Anota tu precio de continuidad anual prepago: (10 veces el precio mensual anterior): $____________________

    a. Una gran bonificación que obtendrán por pagar por adelantado:

    ____

Ofertas de descuento por continuidad

Si te registras hoy, obtienes X tiempo gratis.

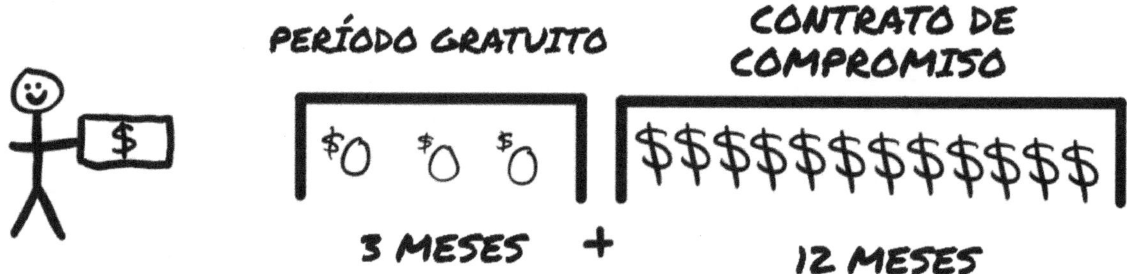

Primavera de 2018.

Mientras me instalaba en un nuevo barrio, conocí a un vecino que resultó ser un empresario exitoso en un sector inesperado: la basura. Me contó el secreto de su éxito: ofrecer un año de servicio gratuito a los grandes complejos de apartamentos a cambio de contratos pagos por cinco años. La oferta le permitió quitarles grandes clientes a sus competidores y conseguir clientes a un costo bajísimo. A pesar de perder dinero el primer año debido a todo el trabajo gratuito que adelantó, su apuesta dio sus frutos. Terminó escalando el negocio y vendiéndolo por millones.

Descripción

Para ofrecer un descuento único por continuidad, regalas productos o servicios si el cliente se compromete a comprar más productos y servicios *a lo largo del tiempo*. Esto puede atraer a muchos clientes potenciales y facilita una venta que cualquiera puede cerrar.

Si miras a tu alrededor, verás esta oferta en muchos sectores diferentes. Funciona. Piensa en Internet, limpieza de piscinas, cuotas de gimnasio, jardinería y cualquier cosa que pueda tener continuidad. Menciono los más comunes, pero puedes hacer que esto funcione en cualquier negocio siempre que sepas dos cosas. Primero, cómo aplicarás el descuento; yo lo hago de cuatro maneras. Y segundo, tu política de cancelación, porque la gente no siempre cumple sus compromisos.

Yo aplico el descuento de <u>cuatro maneras:</u> por adelantado, al final, de manera uniforme o después del primer mes o los dos primeros meses.

Por adelantado. Aplicas el descuento por adelantado y amplías el plazo. Es decir, el plazo «oficial» comienza después de que finaliza el período gratuito. Esto funciona mejor en industrias que tienen un historial exitoso en el cumplimiento de los contratos (teléfonos celulares, almacenamiento, bienes raíces, equipos o cualquier otro sector con garantías). Dos notas: en primer lugar, si tienes una alta tasa de cancelación histórica, omite esta opción y considera las demás. En segundo lugar, si esto <u>no</u> te reporta beneficios, consigues clientes, pero retrasa el cobro, omítelo. Así que, si quieres opciones más rentables, sigue adelante.

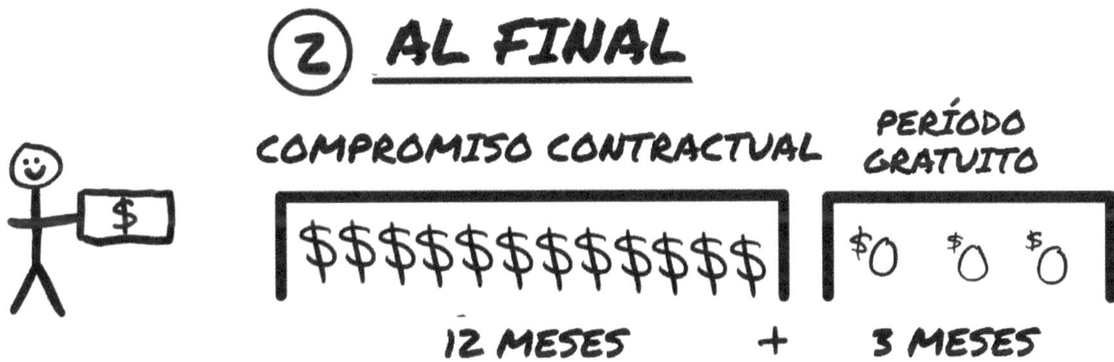

Al final. Puedes aplicar el descuento completo al final y ampliar el plazo. Siempre que realicen todos los pagos *a* tiempo, obtendrán un tiempo extra equivalente al valor del descuento. Se *ganan* un tiempo gratis.

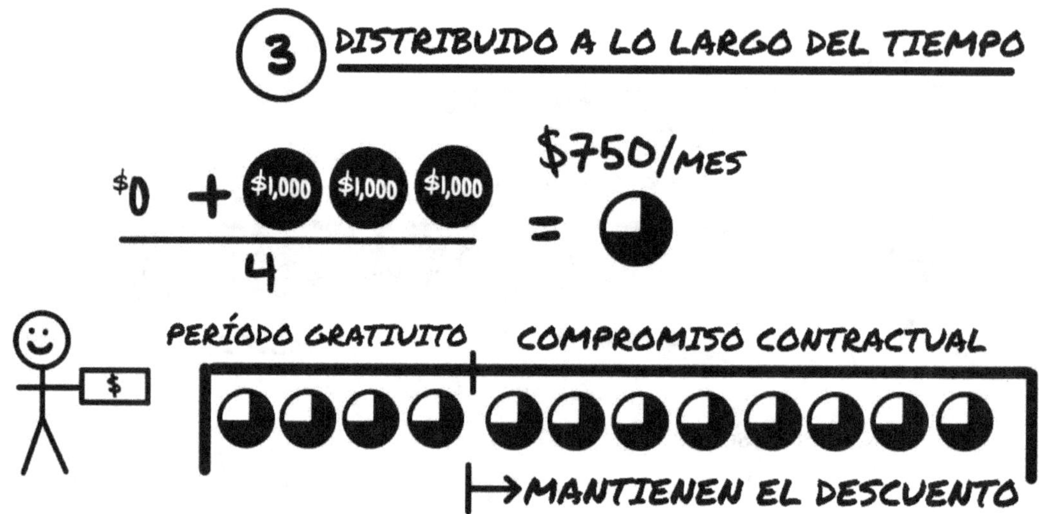

Distribuido a lo largo del tiempo. Aplica el descuento a lo largo del plazo. Supongamos que ofreces tres meses gratis por un compromiso de un año. A $200 al mes, has descontado $600. Al distribuir esos $600 a lo largo de 12 meses, obtienen un descuento de $600/12 meses = $50 *cada mes*. También puede decirles que, si realizan todos los pagos a tiempo, pueden mantener el descuento de por vida una vez finalizado el plazo.

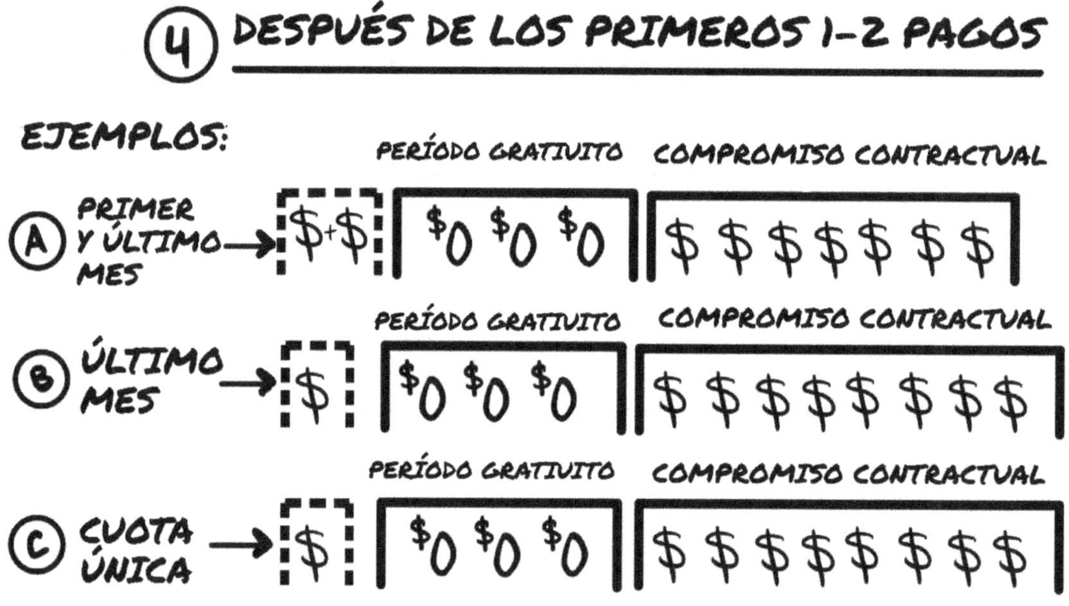

Después del primer o segundo pago. Pagan unas cuantas veces y luego obtienen su descuento único. De esta manera, recaudas un poco de dinero para cubrir los gastos de publicidad y algunos gastos de envío. Prefiero hacerlo presentando la oferta como «*primer y último* mes», «último mes por adelantado» o añadiendo algún tipo de *cuota de activación* antes de obtener el valor de la bonificación. Esto también garantiza que el cliente utilice un método de pago válido, un detalle pequeño pero importante cuando se dirige un negocio.

CANCELACIONES

Debes tener una política de cancelación definida de antemano. Hay muchas que se usan comúnmente. Aviso con 30 o 60 días de antelación, gastos de cancelación, cancelación en cualquier momento. Etc. Dado que todo el mundo se acoge a mis ofertas de continuidad con algún tipo de descuento, esta es mi favorita:

Simplemente haz que la tarifa de cancelación *sea igual al descuento que acordaron obtener*. Así, si obtuvieron $600 en descuentos al comprometerse, pueden pagar $600 cuando quieran cancelar. Es fácil de explicar.

Asegúrate de que los clientes sepan cómo cancelar. Ofrece una forma clara de ponerse en contacto contigo, así tendrás una oportunidad real de salvar la situación.

Si un cliente quiere cancelar, pídele que concrete una entrevista de salida. Yo podría decirle: «Te eximiré de la tarifa de cancelación si vienes y me dices qué podría mejorar». Esto les da a los clientes una razón *real* para dar su opinión. Luego, puedo usar sus comentarios para solucionar el problema u ofrecerles algo más adecuado para ellos. Como mínimo, tendrán cosas más agradables que decir sobre el negocio si realmente intento resolver el problema. Normalmente consigo retener a un tercio de los clientes que aceptan las entrevistas de salida.

Notas importantes

**** Nota sobre el mayor valor en palabras en este libro **** Omite esta parte si no te gusta el dinero. Cobra *semanalmente, no por mes* (cada 4 semanas, 12 semanas, etc.). He aquí el motivo. Hay 12 meses en un año, pero el año tiene 13 ciclos de cuatro semanas. *Eso supone una diferencia del 8,3 %.*

No reduzcas el plazo con descuentos, ¡extiéndelo! Supongamos que ofreces tres meses gratis al contratar un año. Eso podría significar que pagan nueve meses y obtienen tres gratis (12 meses en total). O bien, podría significar que pagan doce meses y obtienen tres gratis (15 meses en total). Yo prefiero empezar ampliando el plazo. Luego, puedo ofrecer una venta adicional con descuento por un plazo más corto.

Consigue un 3 % más de ingresos añadiendo unas pocas palabras. «Sí, son $X *más un 3 % por gastos de procesamiento*». En toda mi vida, nunca he tenido a nadie que no comprara por una comisión por gastos de procesamiento. Pero el 3 % añadido a tus ingresos *sin ningún trabajo adicional* se traduce directamente en un aumento de tus ganancias. Si tienes un negocio con un margen de ganancia del 10% y añades un 3%, acabas de aumentar tus ganancias en un 30%. Vale la pena. Y esto funciona especialmente bien cuando se combina con...

Obtén dos formas de pago. Los negocios recurrentes pierden montones de dinero debido a problemas de procesamiento de pagos. En primer lugar, los clientes no cancelan, pero su información de pago cambia o caduca. En segundo lugar, los clientes agotan el límite de sus tarjetas o no tienen fondos suficientes. Resuelvo ambos problemas con la misma solución. Les pregunto si quieren ahorrarse la comisión de procesamiento del 3% proporcionándonos una segunda forma de pago.

Prueba el descuento de por vida en el punto de cancelación más habitual en tu negocio. Anuncia el descuento de por vida, pero haz que los clientes *se* lo *ganen*. Obtendrán una tarifa más baja *si* permanecen más allá del período X. Establece X como el mes en el que tu cliente promedio suele abandonar el servicio.

Ejemplo real: vi una empresa de arroz que vendía (mucho) arroz. Ofrecían tres opciones de precios: 1) un precio único; 2) un 5% de descuento por suscripción; y 3) un 15% de descuento *si mantenías la suscripción durante cinco meses consecutivos.* De esta forma, obtenías la tarifa más baja de por vida. Estoy seguro de que calcularon que era justo por encima del punto en el que la mayoría de la gente cancelaba.

Ejercicio n.º 21: Crea tu oferta de descuento por continuidad

1. ¿Qué cantidad de tiempo o producto vas regalar?

2. Elige cuándo lo vas a entregar (marca con un círculo):

    a. Al inicio

    b. A lo largo del tiempo

    c. Al final

    d. Después de los primeros pagos

3. Define la duración del compromiso: _______________________________________

    a. Redáctalo así: *«Si te comprometes por [duración del plazo] meses, obtendrás [tiempo gratis/estructura del descuento]. Eso supone un valor total de \$_____________ por solo \$_____________ al mes. ¿Quieres que te lo reserve?»*

4. Define si deseas ofrecer un descuento de por vida (después de tu punto más alto de cancelación) y cuándo: ______________________________

   ____

5. Crea las condiciones de cancelación:

   a. Añadir entrevista de salida a las condiciones (S / N) + Añadir incentivo para asistir a la entrevista ______________________________

      ____

   b. Agregar una penalidad equivalente al beneficio otorgado si incumplen el acuerdo (S/N)

   c. Redáctalo así: *«Para respetar el descuento, pedimos un aviso con [X días] de antelación o la opción de pagar la diferencia si cancelas antes de tiempo. Así el acuerdo se mantiene justo. ¿Te parece bien?»*

UN REGALO PARA TI: Capacitación sobre ofertas de descuentos por continuidad.

Al igual que con las bonificaciones, los descuentos solo están limitados por tu creatividad. En este capítulo te he proporcionado los elementos básicos. También he creado un video en el que se muestran algunas de las formas más creativas que he visto. Como de costumbre, puedes verlo gratis en acquisition.com/training/money. O bien, escanea el código QR. ¡Disfrútalo!

Oferta de exención de tarifa

Enero de 2021.

Conocí a un vendedor de productos de alta gama con tasas de cierre más altas que las mías y una rotación de clientes menor. Así que le pregunté cómo lo hacía. Y esto fue lo que me dijo: él ofrecía a los clientes dos opciones: un plan mensual con una elevada tarifa de inscripción, o un compromiso anual sin tarifa de inscripción. La exención de la elevada tarifa de inscripción hacía que los clientes se comprometieran con el plan anual para obtener ese ahorro, y al mismo tiempo hacía que cancelar antes fuera más doloroso. Era el santo grial: con mayores tasas de conversión y un mayor valor de vida útil.

Descripción

Las ofertas de exención de tarifas funcionan así. En primer lugar, se le pide al cliente que pague una tarifa inicial como parte de la inscripción en un programa mensual. Por lo general, yo la cobro entre 3 y 5 veces el valor de mi cuota mensual. Luego, se le ofrece un descuento del *importe total* de esa tarifa *si* se compromete a permanecer un plazo más largo. Sin embargo, si cancela dentro del plazo, deberá pagar la tarifa.

Los clientes pueden optar por pagar una tarifa considerable y conservar la opción de darse de baja en cualquier momento, o pueden comprometerse a permanecer durante 12 meses y obtener la exención de la tarifa. Muchos se comprometerán para evitar el pago de esa elevada tarifa.

Asumimos un mayor riesgo si pagan mes a mes. Pero *ellos* asumen un mayor riesgo si se comprometen. Si un cliente elige la opción de pago mensual, reducimos nuestro riesgo con la tarifa de inscripción. Sin embargo, reducimos *su* riesgo año tras año, al eximirle de esa tarifa. Y si se comprometen y quieren darse de baja antes de tiempo, no hay problema. Pagan *como si* hubieran elegido el pago mensual desde el principio. Así de sencillo.

Conclusión: los clientes se quedarán más tiempo si marcharse les cuesta más que quedarse.

Ejemplo

Dado que la oferta se centra más en los precios, parece igual en todos los negocios de continuidad. El siguiente ejemplo se basa en la historia para ofrecerte una visión más detallada del funcionamiento.

Exención de tarifa con compromiso.

1) Duración del compromiso: 12 meses.

2) Cuota mensual: $1.000 al mes

3) Tarifa de inscripción: $5.000 *si se paga mes a mes.*

Opción A: Pagas una tarifa de inscripción única de $5.000 *más* $1.000 por el primer mes. A partir de entonces, pagas $1.000 al mes. Cancelas cuando quieres.

Opción B: No pagas la tarifa de $5.000 si te comprometes a permanecer 12 meses. Pagas $1.000 al mes. Solo tendrás que pagar los $5.000 si rompes el compromiso antes de tiempo.

Notas importantes

Las tarifas hacen que empiecen. Las personas obtienen valor al comprometerse *de inmediato* para evitar pagar una tarifa. Las personas quieren evitar las elevadas tarifas de inscripción. Por lo tanto, más personas se inscriben en ofertas de continuidad.

Las tarifas hacen que se queden. Las personas se quedan por la misma razón por la que empezaron: para *evitar pagar la tarifa.* La gente abandona por millones de motivos distintos. Sin embargo, al tener que pagar una tarifa adicional y más elevada *para* poder cancelar, su razón original para renunciar se reduce inmediatamente en comparación con el valor de evitar la tarifa. En otras palabras, si el costo de abandonar supera el costo de quedarse, probablemente se quedarán.

Presentación de la tarifa. Justifica la tarifa explicando los costos que supone la incorporación de nuevos clientes en programas a largo plazo. Básicamente, si quieren flexibilidad a corto plazo, *pagan sus propios costos de incorporación*. Pero, si se comprometen a quedarse a largo plazo, *nosotros pagamos sus costos de incorporación*. Si alguien pide más explicaciones, simplemente di: «*Nos cuesta dinero incorporarte en el programa. Si solo quieres probarnos, tú cubres esos costos. Si te comprometes a quedarte más tiempo, yo los cubriré*».

Si <u>más del 5 %</u> de las personas quieren cancelar antes de tiempo, investiga el motivo. Los precios *incentivan* la fidelidad, pero no pueden (*ni deben*) superar un producto o servicio deficiente.

Si deseas obtener más dinero por adelantado, cobra una tarifa **de inscripción** más baja. Una tarifa más baja anima a la gente a pagar mes a mes. Una tarifa más alta anima a la gente a comprometerse a largo plazo. Pero si necesitas más dinero por adelantado, puedes cobrar una tarifa de entre 1,5 y 3 veces la cuota mensual. Si lo haces, más gente la aceptará y obtendrás más dinero por adelantado.

Elimina la tarifa después de que el cliente cumpla con el compromiso. Si alguien cumple con la totalidad de su compromiso y luego quiere cancelar, se ha ganado la cancelación gratuita.

Prefiero esta oferta para compromisos de un año o más. Cuanto más largo sea el compromiso, mejor funciona. Funciona especialmente bien con servicios que tardan mucho tiempo en dar resultados (SEO, inversiones, pérdida de peso, etc.). Mantiene a las personas comprometidas cuando se dejan llevar por sus emociones.

¿Tarifa de cancelación por una... causa? Si quieres mantener a los clientes más motivados, puedes donarlas a una causa a la que claramente <u>odien</u>. Por ejemplo: «¿Qué causa detestas por completo? *Genial. Si cancelas antes de tiempo, donaré tu cuota de inscripción a esa causa*». Esto les da *dos* razones para quedarse. En primer lugar, porque no quieren desembolsar el dinero. En segundo lugar, porque no quieren que su dinero vaya a parar a una causa que detestan.

Ejercicio n.° 22: crea tu oferta de exención de tarifa inicial

Configura tu modelo de precios con dos opciones:

- Cuota mensual: $_______________

- Importe de la tarifa inicial exonerable *(intenta que sea entre 3 y 5 veces el valor de la cuota mensual)*: $_______________

- Duración del compromiso: _________ meses

Ahora redacta ambas ofertas:

Opción A (mes a mes):

Paga una tarifa de inicio de $____________ + $____________ por mes. *Puedes cancelar en cualquier momento.*

Opción B (compromiso):

Te exoneramos de la cuota de inicio de $____________ si te comprometes a permanecer _________ meses. Pagas $____________ por mes. ¿Si deseas cancelar antes de tiempo? Entonces deberás pagar la tarifa de $____________.

UN REGALO PARA TI: Capacitación en video sobre exención de tarifas

La exención de tarifas es muy, muy eficaz. Estoy deseando que la utilices y lo compruebes por ti mismo. Para que te sientas seguro al hacerlo por tu cuenta, he creado un video en el que te explico cómo funciona. Como siempre, puedes verlo gratis en acquisition.com/training/money. O, si lo deseas puedes escanear el código QR que figura a continuación. ¡Disfrútalo!

Conclusión sobre ofertas de continuidad

Lo único mejor que conseguir que alguien compre una vez, es lograr que vuelva a comprar.

Las ofertas de continuidad *proporcionan un valor constante por el que los clientes realizan pagos continuos hasta que cancelan.* Muchas empresas utilizan las ofertas de continuidad para atraer clientes por menos dinero. Sin embargo, esto hace que se desplomen las ganancias a 30 días, haciendo difícil la publicidad rentable.

Yo utilizo las ofertas de continuidad de otra manera. Las hago *durar más tiempo.* Empiezo con ofertas de atracción rentables. Luego, hago mis ofertas de venta adicional y de venta descendente. *A continuación,* ofrezco continuidad. Y si aceptan, les vendo una cantidad mayor de tiempo o un producto con descuento. Luego, entran automáticamente en continuidad después de haber agotado su compra. De esta manera, gano aún más dinero *y* obtengo los beneficios de ingresos recurrentes de los demás clientes de continuidad.

Las ofertas de continuidad funcionan con recompensas o castigos. Yo prefiero las recompensas. Y dos de las tres ofertas de continuidad que he explicado las utilizan. Sin embargo, siempre habrá ocasiones en las que tenga más sentido un contrato más tradicional. En esas situaciones, me gustan las ofertas con exención de tarifa.

En la siguiente sección crearemos nuestro *Modelo de dinero de $100M* combinando los cuatro tipos de ofertas: ofertas de atracción, ofertas de venta adicional, ofertas de venta descendente y ofertas de continuidad.

Ejercicio n.° 23: elige tu oferta de continuidad

Elige qué ofertas de continuidad aplicarás a tu negocio:

    a. Bonificación por continuidad

    b. Descuento por continuidad

    c. Oferta de exención de tarifa.

SECCIÓN VI:
CREA TU MODELO DE DINERO

Cómo conquistar todo tu mercado

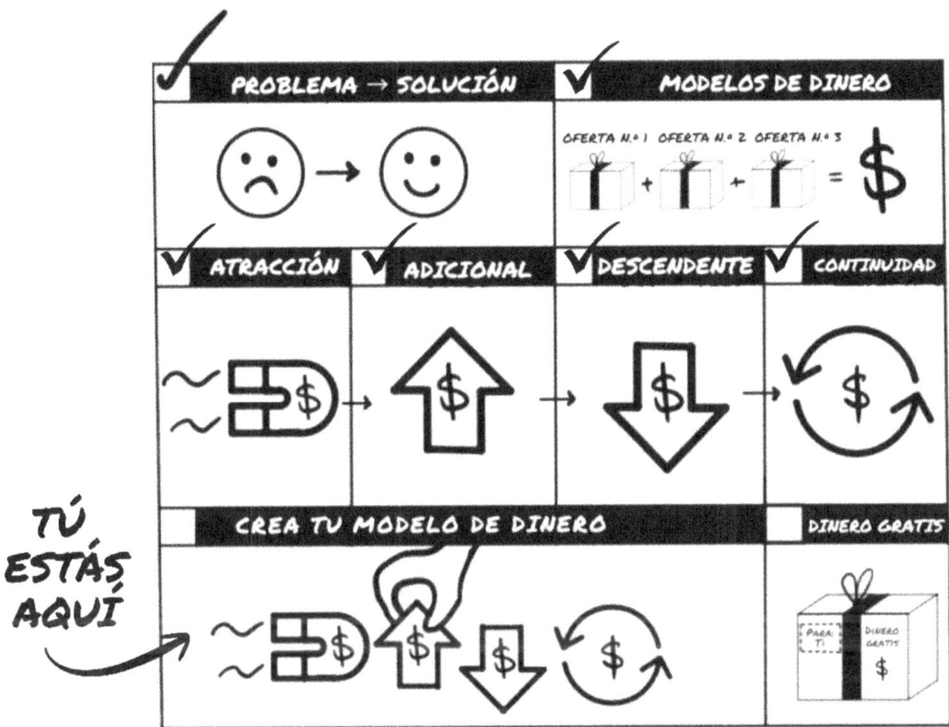

Repasemos la evolución del Modelo de dinero de $100M de Gym Launch.

Mi modelo en Gym Launch utilizó muchas de las ofertas de este libro para crear un Modelo de dinero de $100M completamente funcional.

- Todo comenzó con una <u>oferta señuelo</u>. Atraíamos a nuevos clientes con muchos cursos gratuitos, libros, capacitaciones en video, formación en directo, etc. Todo lo relacionado con el crecimiento de un gimnasio. Cada producto gratuito incluía una llamada gratuita para ayudar a los dueños de los gimnasios a implementarlo. Durante esa llamada, ofrecía:

  - *Oferta señuelo:* «Ahora que ya tienes el plan, puedes hacerlo por tu cuenta, gratis».

O...

  - *Oferta premium:* «Podemos ayudarte a implementar todo esto por $16.000 en 16 semanas». Si elegían la opción premium, obtendrían un tesoro oculto de tácticas para ganar dinero. Tácticas que me llevó años descubrir. La gente compraba sin parar.

Y ¡boom! En tres meses, mi oferta señuelo me reportó $476.000 al mes. *No es un error tipográfico.*

- Luego, utilicé la <u>venta adicional clásica</u> para ofrecer guías avanzadas y servicios por $42.000 al año.

- Y sumé una <u>bonificación de continuidad</u>: una comunidad para compartir las mejores prácticas.

- Empecé ofreciendo un considerable *descuento de $6.000* a quienes pagaban por adelantado.

- A los que no lo hacían, les ofrecía una venta descendente con un <u>plan de pagos</u>.

- Si decían que no, les ofrecía pagar $10.000 como pago inicial y el resto en cuotas. Si volvían a decir que no, utilizaba una <u>oferta descendente de continuidad</u>, adelantando el tiempo gratuito desde el inicio durante todo el período que les tomara terminar de pagar la primera oferta. Entonces, pasaban directamente a mi venta adicional de continuidad. De esta manera, sus pagos se mantenían continuos.

Y así, la venta adicional clásica + la bonificación de continuidad + la venta descendente con plan de pagos + el descuento por continuidad me reportaron alrededor de $1.500.000 al mes.

- Aunque las ofertas de venta adicional y venta descendente funcionaban bien, *algunos propietarios de gimnasios seguían diciendo que no.* Se me ocurrió una <u>venta adicional de menú</u> más personalizada con diferentes niveles de servicio.

- Si no querían el paquete completo, utilizaba <u>la venta descendente por prestaciones</u> para encontrar la mejor opción para ellos. Casi todos se quedaban con algo.

Y, de pronto, las ventas adicionales de menú + las ventas descendentes por prestaciones me llevaron a ganar $2.300.000 al mes. *Todo esto en 14 meses.*

- Luego creamos Prestige Labs y lo integramos con Gym Launch. Un negocio totalmente diferente con su propio modelo de dinero. A los 20 meses, estábamos ganando $4.400.000 *al mes*. Fue algo que nos cambió la vida. Y *solo* se necesitaron unos *cuantos productos muy buenos* y un *Modelo de dinero de $100M* para conseguirlo.

***

Descripción

Un modelo de dinero es *una secuencia deliberada de ofertas*. Es lo que ofreces, cuándo lo ofreces y cómo lo ofreces para ganar tanto dinero como puedas lo más rápido posible. Lo ideal es ganar suficiente dinero con un cliente como para conseguir y atender *al menos* a dos clientes más *en menos de 30 días.* Y aunque rara vez se note claramente desde afuera, yo divido los Modelos de dinero de $100M en tres etapas:

Etapa I: Obtengo dinero en efectivo: las ofertas de atracción consiguen más clientes por menos dinero.

Etapa II: Consigo más dinero en efectivo: las ofertas de venta adicional y descendente permiten ganar más dinero con ellos más rápidamente.

Etapa III: Consigo el máximo posible de dinero en efectivo: las ofertas de continuidad maximizan el dinero total que pueden gastar.

Según mi experiencia, los modelos de dinero evolucionan así:

- Primero, consigo clientes de forma confiable *y, a continuación,*

- me aseguro de que paguen de forma confiable *y, después,*

- me aseguro de que paguen por otros clientes de forma confiable *y, luego,*

- empiezo a maximizar el valor a largo plazo de cada cliente *y, a continuación,*

- gasto todo el dinero que puedo en publicidad para generar tanto dinero como sea posible.

Mis modelos de dinero se desarrollan de esta manera porque me aseguro de que *cada etapa financie la siguiente.* Seguimos mejorando cada etapa hasta que sea *confiable.* Además, esto significa que sea confiable financiera *y* operativamente.

Modelo de dinero de Gym Launch

Etapa I. Oferta de atracción: oferta señuelo

Señuelo gratuito «hazlo tú mismo» vs. licencia premium de $16.000 «lo hago contigo».

Etapa II. Oferta de venta adicional: venta adicional clásica

Una vez que sabes cómo conseguir clientes, tienes que saber cómo conservarlos.

$42.000 al año ($36.000 prepagos) por servicios de consultoría avanzados.

Etapa II. Oferta de venta descendente: venta descendente con plan de pago

Oferta de venta descendente tipo balancín: *empieza con $10.000 el resto repartido en 52 semanas.*

Oferta de plan de pago final: *$800 por semana durante 52 semanas.*

Etapa III: Oferta de continuidad: cierre con oferta adicional de menú + oferta descendente por prestaciones.

Paquete completo: $800 por semana

    Prestación: publicidad hecha especialmente para ti: $300 por semana

    Prestación: entrenamiento diario en ventas para gimnasios: $200 por semana

    Prestación: novedades sobre lanzamientos mensuales: $500 por semana

    Prestación: materiales originales con licencia y soporte técnico: $100 por semana

Paquete mínimo: $100 por semana

Si quieres más ejemplos, los puedes encontrar en el libro principal.

Crea tu propio Modelo de dinero

Paso 1) Comienza con una oferta de atracción. El objetivo es convertir a desconocidos en clientes y cubrir nuestros gastos. Por lo tanto, piensa qué vas a vender. A continuación, piensa cuál es la mejor manera de presentarlo. Elige entre los cinco tipos de ofertas de atracción y luego, *hazle publicidad.* Si consigues prospectos que se conviertan en clientes, vas por buen camino. Descubrir qué es lo que mejor funciona puede llevarte hasta un año. Si quieres aprender más sobre publicidad, no te pierdas mi segundo libro, *Prospectos de $100M.*

Paso 2) Elige una oferta de venta adicional. El objetivo es que las ganancias en 30 días *superen con creces* los costos de adquirir un cliente y entregarle tu producto o servicio. Recuerda que, una vez que resuelves un problema, aparece otro. Esos problemas también necesitan soluciones. Tú resuelves los problemas que crea tu oferta de atracción con ofertas de venta adicional. Así que elige la oferta de venta adicional que mejor se adapte al problema que resuelves y a cómo lo resuelves. A continuación, haz tu oferta en el momento en que más la necesiten.

Paso 3) Elige una oferta de venta descendente. El objetivo es conseguir que los clientes que rechazaron tu última oferta acepten otra oferta. De esta manera, venderás *a muchas más personas* de lo que lo harías de otra manera, por lo que obtendrás más dinero en efectivo *con el mismo número de clientes potenciales.* La sección Oferta de venta descendente te muestra mis tres favoritas.

Paso 4) Elige una oferta de continuidad. El objetivo aquí es conseguir una última venta en nuestro plazo de treinta días y acumular ingresos recurrentes. Por lo tanto, intento incluir la continuidad en el negocio *a largo plazo.*

A veces, el mejor momento para las ofertas de continuidad es *después* de los primeros treinta días, y eso está bien. *Es mejor hacer la oferta en el momento adecuado que intentar forzarla en el momento equivocado.*

Notas importantes

Perfecciona una oferta a la vez. Es tentador implementar todo el modelo de dinero de una sola vez. No lo hagas. Concéntrate en la etapa en la que te encuentras. Elige una oferta. Pruébala. Sigue haciéndolo hasta que funcione de forma confiable. Luego, una vez que sea confiable, hazlo tantas veces como puedas hasta que se convierta en algo automático. *A continuación*, pasa a la siguiente etapa.

Incrementa los precios por etapas. Haz que las nuevas ofertas sean baratas al principio. Luego, a medida que obtengas respuestas positivas, aumenta el precio. Muchas respuestas positivas tempranas permiten obtener retroalimentación de los clientes y mejorar el producto. Luego, a medida que la oferta se vuelva confiable, comienza a aumentar el precio. Y sigue aumentando el precio hasta que no puedas compensar los «no» con el dinero extra que obtienes de los «sí».

Lo simple funciona, no lo compliques innecesariamente. Aprovecha al máximo lo que tienes. Recuerda, no se trata tanto de tener 100 productos que ofrecer, sino de tener 100 formas de ofrecer tu producto. Piensa en más formas de vender lo mismo, no en más cosas que vender. *Esto convierte un mismo producto en muchas ofertas.*

Convierte las ofertas de atracción en ofertas de continuidad con renovación automática. Esto lo convierte en un dos por uno. Por ejemplo, si haces una oferta de «Compra 6 meses y obtén 6 meses gratis», pueden pasar automáticamente a una suscripción mensual al final de los 12 meses. Esto te permite obtener los beneficios de las ofertas de atracción y continuidad. Un pequeño consejo con *grandes* implicaciones.

Puedes combinar las ofertas como quieras. Presento las ofertas de esta manera porque así es como las uso. Pero si recuerdas, ¡aprendí muchas de ellas de personas que las utilizaban de manera diferente a mí! Muchas de estas ofertas se pueden utilizar *en cualquier lugar*. Puedes utilizar tácticas de venta adicional en tu oferta de atracción. Puedes instalar un proceso de venta descendente con *cada* oferta. Puedes utilizar una oferta de continuidad para atraer nuevos clientes. No hay reglas. Puedes hacer lo que quieras. Te muestro las cosas de una manera, *pero espero que las uses de otra*. Así que empieza de la forma que te sugiero. Luego, a medida que vayas mejorando, experimenta. Así es como aprendí estas cosas. Y así es como tú también las aprenderás.

Ejercicio n.° 24: Crea tu Modelo de dinero de $100M

1. Elige tu oferta de atracción: ________________________

2. Elige tu oferta de venta adicional: ________________________

3. Elige tu(s) oferta(s) de venta descendente: ________________________

4. Elige tu oferta de continuidad: ________________________

5. Ahora ya tienes la versión <u>final</u> de tu Modelo de dinero. Puede que te lleve meses (a veces años) desarrollarlo por completo. Y está bien. Lo importante es que ahora sabes exactamente hacia dónde te diriges.

Ejercicio n.° 25: Enumera tres formas diferentes de vender lo mismo:

Escribe tu producto a continuación y luego piensa en tres formas diferentes de venderlo en un paquete, fijar su precio u ofrecerlo utilizando los conceptos del Modelo de dinero.

Mi producto: _______________________________________

Estilo de oferta	Descripción
Oferta de atracción	_______________________
Versión de venta adicional	_______________________
Versión de continuidad	_______________________

UN REGALO PARA TI: Crea tu propio modelo de ingresos con una capacitación paso a paso

¡Uf! Hay mucho que aprender en este capítulo. También es, posiblemente, el más importante del libro. Por lo tanto, para asegurarme de que no te quedes atascado, he creado un video en el que explico este proceso paso a paso. Como de costumbre, puedes verlo gratis (sin necesidad de registrarte) en acquisition.com/training/money. O bien, puedes escanear el código QR.

Diez años en diez minutos

Lo mejor que puede hacer un ser humano es ayudar
a otro a saber más. - Charlie Munger

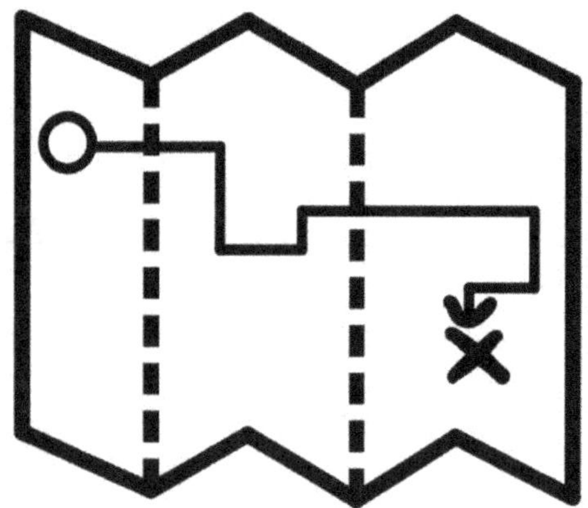

Dónde encajan los modelos de dinero en el gran esquema de las cosas

- Mi primer libro, *Ofertas de $100M*, respondía a la pregunta: ¿Qué debo vender? Respuesta: una oferta tan buena que las personas se sientan estúpidas al rechazarla.

- Mi segundo libro, *Prospectos de $100M*, respondía a la siguiente pregunta lógica: ¿Cómo encuentro a estas personas? Respuesta: Haciendo publicidad.

- Mi tercer libro, *Modelos de dinero de $100M*, responde a la siguiente pregunta lógica: ¿Cómo consigo que compren *lo que vendo?* Respuesta: con un modelo de dinero.

- Y, con suerte, este libro de ejercicios te ayudó a hacerlo.

Lo que hemos tratado

Hemos cubierto muchos temas. Y creo que organizar lo que hemos aprendido en un solo lugar ayuda a asimilarlo. Por eso, he elaborado este resumen de lo que hemos cubierto y por qué.

1) Un **modelo de dinero** es una serie de ofertas diseñadas para aumentar el número de clientes que consigues, cuánto pagan y con qué rapidez lo hacen.

2) **Un buen modelo de dinero** *obtiene más ganancias de un cliente de lo que cuesta captarlo y atenderlo durante los primeros 30 días.* Eso es lo mínimo.

3) **Un modelo de dinero de $100M** *genera más ganancias por cliente de lo que cuesta conseguir y atender a muchos clientes en los primeros 30 días*, esto elimina el efectivo como límite para escalar tu negocio.

4) Los modelos de dinero tienen **cuatro tipos de ofertas**: ofertas de atracción, ofertas de venta adicional, ofertas de venta descendente y ofertas de continuidad.

5) **Las ofertas de atracción** consiguen clientes ofreciendo algo gratis o con descuento. A menudo, también generan dinero ofreciendo una *oferta mejor* a un precio más alto. Hemos cubierto cinco:

   a) <u>Recupera tu dinero</u>: estableces un objetivo para el cliente *y* le dices cómo alcanzarlo. Si lo alcanza, entonces tiene derecho a recuperar su dinero *o* a recuperarlo en forma de crédito en la tienda.

   b) <u>Promociones</u>: Anuncias la oportunidad de ganar un gran premio a cambio de la información de contacto y cualquier otra cosa que desees. Después de elegir al ganador, ofreces a todos los demás el gran premio a un precio con descuento.

   c) <u>Ofertas señuelo</u>: Anuncias una oferta gratuita o con descuento. Cuando el cliente potencial solicita más información, *también* le presentas una oferta premium más valiosa. La oferta premium incluye más prestaciones, beneficios, bonificaciones, garantías, etc.

   d) <u>Compra X y llévate Y gratis</u>: Ofreces a los clientes productos gratuitos a cambio de comprar otros productos por dinero. Cuantos más productos gratuitos y mayor sea su valor, más comprará la gente.

   e) <u>Paga menos ahora o paga más después</u>: le das a la gente la opción de pagar el precio completo más adelante O pagar un precio con descuento ahora *y* obtener bonificaciones adicionales.

6) **Las ofertas de venta adicional** son cualquier cosa que ofrezcas a continuación. Normalmente, versiones más completas, mejores o más nuevas de lo que acaban de comprar. Estas te permiten ganar más dinero rápidamente. Hemos visto cuatro:

   a) <u>La venta adicional clásica</u>: ofreces la solución al siguiente problema del cliente en el momento en que se da cuenta de él. ¡No puedes tener X sin Y!

   b) <u>Ventas adicionales de menú</u>: dices a los clientes qué opciones no necesitan.

Luego, les dices qué es lo que sí necesitan *y* cómo obtener valor de ello. *No necesitas eso… necesitas esto.*

c) <u>Ventas adicionales de anclaje</u>: primero ofreces tu producto más caro. Si el cliente se resiste, le ofreces una alternativa mucho más barata y aun así aceptable. *No te preocupes. Si no te interesa X, esto puede ser más adecuado para ti.*

d) <u>Ventas adicionales por renovación</u>: le acreditas parte o la totalidad de las compras anteriores del cliente a su próxima oferta. *Como ya has gastado $500, te los acreditaré si te quedas un año completo.*

7) **Las ofertas de venta descendente** son cualquier cosa que ofrezcas después de que alguien diga que no. Y al convertir los «no» en «sí», ganas más dinero. Hemos visto tres:

a) <u>Ofertas de plan de pago a plazos</u>: ofreces el mismo producto al mismo precio, pero el cliente paga una parte ahora y el resto a plazos. ¿Cuándo te pagan? ¿Qué tal la mitad ahora y la otra mitad después?

b) <u>Prueba con penalización</u>: permites a los clientes probar tu producto o servicio de forma gratuita *siempre que cumplan tus condiciones.* Si lo hacen, tienen más posibilidades de convertirse en clientes de pago. Si no lo hacen, pagan. *Si haces X, Y y Z, te dejaré empezar de forma gratuita.*

c) <u>Reducción de prestaciones</u>: bajas los precios cambiando lo que obtiene el cliente. Ofreces alternativas de menor cantidad, menor calidad y menor precio, o eliminas por completo los componentes opcionales. *Si no te importa prescindir de la garantía, te puedo rebajar $400.*

8) **Las ofertas de continuidad** proporcionan un valor constante por el que los clientes realizan pagos continuos, hasta que cancelan. Estas aumentan los beneficios de cada cliente y te proporcionan una última cosa que vender. Hemos cubierto tres:

a) <u>Ofertas de bonificación por continuidad</u>: le ofreces al cliente algo increíble *si* se registra hoy. Por lo general, la bonificación en sí tiene más valor que el primer pago de continuidad. *Si te registras hoy, también obtienes XYZ, algo muy valioso.*

b) <u>Ofertas de descuentos por continuidad</u>: le ofreces al cliente tiempo gratis, ahora o más adelante, *si* se inscribe hoy.

c) <u>Ofertas de exención de tarifa</u>: primero, le pides al cliente que pague una tarifa de inicio como parte de la inscripción en un programa mensual. A continuación, le ofreces un descuento sobre el importe *total de esa tarifa, si* se compromete a permanecer más tiempo. Si cancela dentro del plazo, pagará la tarifa.

9) Creas tu modelo de dinero **paso a paso**.

    a) Una *vez que* consigues clientes de forma confiable, te aseguras de que paguen de forma confiable, *luego* te aseguras de que paguen por conseguir otros clientes de forma confiable *y*, a continuación, empiezas a maximizar el valor a largo plazo de cada cliente. *Entonces*, imprimes todo el dinero posible.

Conclusión: la sabiduría resumida en estos puntos me ha proporcionado más clientes gratuitos *y* rentables de los que podía imaginar y manejar. Si los pones en práctica, harán lo mismo por ti. Y con ello, el dinero en efectivo ya no será un obstáculo para escalar tu negocio. Espero que este libro te ayude a hacer crecer tus sueños *tanto como te plazca*.

Además, como eres uno de los pocos que realmente termina lo que empieza (aunque esta sea una versión resumida del original), quiero dejarte un regalo de despedida: algunas reflexiones finales que me ayudaron a superar momentos difíciles.

Reflexiones finales

No ganas confianza gritando afirmaciones frente al espejo. Ganas confianza proporcionándote a ti mismo un montón de pruebas irrefutables de que eres quien dices ser. Supera tus inseguridades.

Una publicación real que hice el 25 de julio de 2020. *Antes* de que mi vida fuera pública.

***

Leila tomó esta foto cuando no estaba mirando y pensé: «¡Vaya, parezco muy pensativo!»

En fin, esta fue la segunda vez que tomamos un jet privado.

Y... fue increíble.

Dicen que si te hundes con la nave, el cinturón de seguridad no te salvará.

En cualquier caso, quiero hablarte a ti, emprendedor que piensas que estas decepcionando a tus padres, pareja, amigos, falsos amigos y a todos aquellos que dudan de ti:

N.º 1: SOY TU MAYOR FAN

N.º 2: Esto está a punto de ponerse serio, así que prepárate rápido.

N.º 3: No puedes perder si no te rindes. Solía repetirme eso una y otra vez cuando no quería seguir adelante. Si te sientes desesperanzado... bienvenido al mundo del emprendedurismo. Si sientes que nunca lo lograrás... estás en el camino correcto. Si sientes que eres una decepción para todos tus conocidos... sigue adelante.

Porque al final del arcoíris no hay una olla de oro.

Estás tú.

Tu verdadero tú.

El que ha estado ahí todo el tiempo susurrándote al oído: solo un paso más… una llamada más… una venta más.

Cuando digo que soy tu mayor fan, es porque yo también estuve ahí. Y te entiendo porque sé EXACTAMENTE cómo se siente. Tener un 100% de confianza y un 1.000% de dudas. Al mismo tiempo. Esto es todo lo que tienes que hacer:

Sigue adelante.

Sigue luchando.

Sigue mejorando.

Tu momento llegará.

El éxito es la única revancha.

***

Así que ahora mismo posiblemente te encuentres donde yo estaba cuando empecé. Trabajando en un ataúd de concreto, bajo luces fluorescentes cegadoras, deseando escapar. Posiblemente te sientas abrumado por todo lo que tienes que hacer para alcanzar el éxito. Pero, a pesar de esa incertidumbre, debes saber que todos los emprendedores, tanto los pasados como los actuales, comparten contigo esa carga. Yo he pasado por eso. Ellos han pasado por eso. No estás solo. Comparto estas historias tal y como las viví para que puedas beneficiarte de ellas como yo lo hice.

Así que esta es mi promesa: sigue las lecciones y el dinero llegará.

Sé único.

Alex Hormozi, fundador de Acquisition.com

PD: Tengo algunos regalos para ti por terminar lo que empezaste.

Mis regalos para ti

Ñam, ñam, ñam.

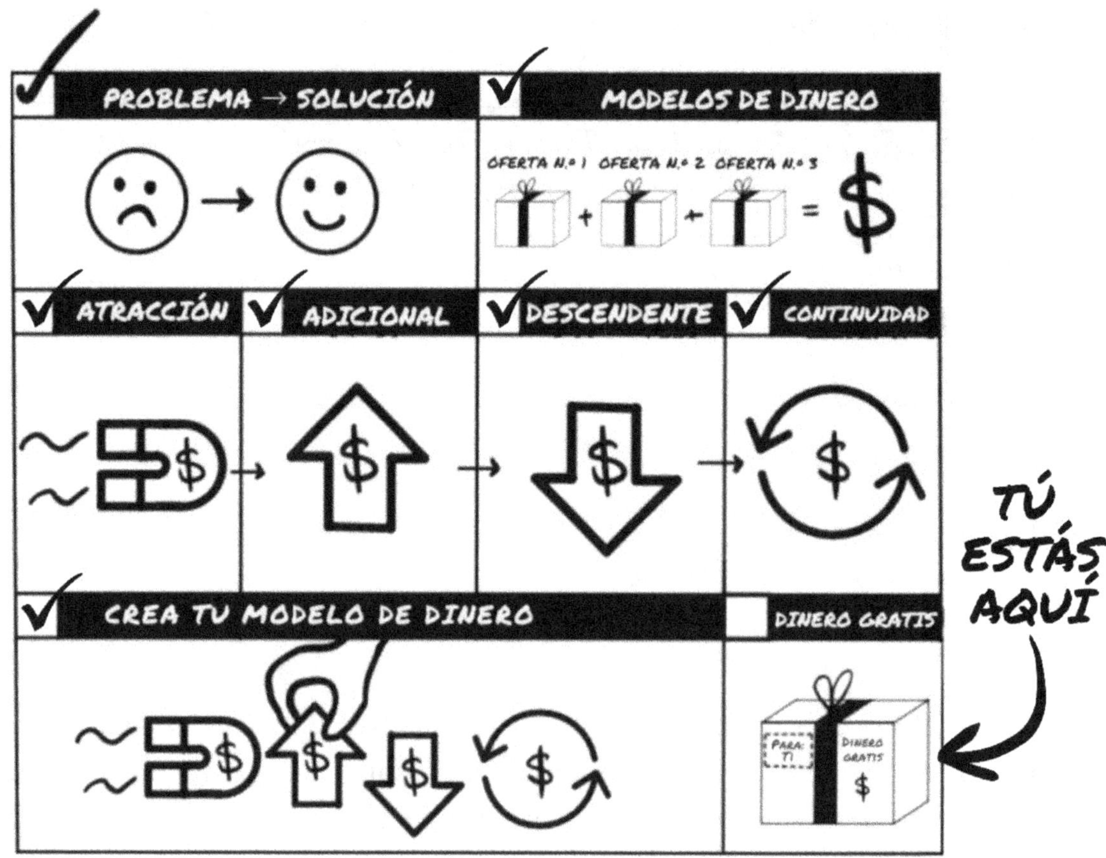

Esto es algo así como los avances que se ven después de los créditos Solo quería agradecerte por quedarte hasta el final y ofrecerte algunos regalos para ayudarte en tu camino:

1) **Si estás teniendo dificultades para definir a quién venderle**, he publicado un capítulo titulado «Tu primer avatar». Puedes conseguirlo gratis en **Acquisition.com/avatar.** Solo tienes que introducir tu correo electrónico y te lo enviaremos.

2) **Si te cuesta decidir qué vender**, puedes dirigirte a Amazon o a cualquier sitio donde compres libros y buscar «Alex Hormozi» y *Ofertas de $100M*. Esto debería guiarte hacia el camino correcto.

3) **Si te cuesta despertar el interés de la gente por lo que vendes,** puedes dirigirte a Amazon o a cualquier otra tienda donde compres libros y buscar «Alex Hormozi» y *«Prospectos de $100M»*. Esto debería guiarte hacia el camino correcto.

4) **Si tu empresa tiene un EBITDA (ganancia) superior a 1 millón de dólares**, estaremos encantados de ayudarte a escalar. Me alegra mucho saber que hay empresas que han crecido mucho más y más rápido que la mía *porque han evitado los errores que yo cometí*. Si quieres que le echemos un vistazo y veamos si podemos ayudarte, visita **Acquisition.com**.

5) **Si quieres trabajar en Acquisition.com** o en una de nuestras empresas, nos encanta contratar a gente de #mozination. Nuestros mejores resultados provienen de invertir en las mejores personas. Visita **Acquisition.com/careers/open-jobs** y podrás ver todas las vacantes disponibles.

6) Para obtener las **descargas gratuitas de los textos y los videos de capacitación** que acompañan a este libro, visita **Acquisition.com/training/money.**

7) **Si te gusta escuchar podcasts y quieres escuchar más**, mi podcast, en el momento de escribir este artículo, se encuentra entre los cinco primeros en emprendedurismo y entre los 15 primeros en negocios en los Estados Unidos. Puedes acceder a él buscando «Alex Hormozi» dondequiera que escuches podcasts. O bien, visitando **Acquisition.com/podcast**. Comparto historias útiles e interesantes, lecciones valiosas y los modelos mentales esenciales en los que me baso cada día.

8) **Si te gusta ver videos**, hemos invertido muchos recursos en nuestra formación gratuita, disponible para todo el mundo. Nuestra intención es que sea mejor que cualquier contenido pago que haya en el mercado, y tú decides si lo hemos conseguido. Puedes encontrar nuestros videos en YouTube o en cualquier plataforma en la que veas videos buscando «Alex Hormozi».

9) **Y si te gustan los videos cortos**, echa un vistazo al contenido breve que publicamos a diario en **Acquisition.com/media**. Verás todos los sitios en los que publicamos y podrás elegir los que más te gusten.

Y por último, gracias de nuevo. Sé generoso y **comparte esto con otros emprendedores dejando una reseña**. Significaría mucho para mí. Te envío buenas vibras para tu negocio desde mi despacho. Paso mucho tiempo allí, así que realmente son muchas vibras. Que tu deseo sea mayor que tus obstáculos.